Hans-Georg Willmann

30 Minuten

Begeisterung

Bibliografische Information der Deutschen Nationalbibliothek

Die Deutsche Nationalbibliothek verzeichnet diese Publikation in der Deutschen Nationalbibliografie; detaillierte bibliografische Daten sind im Internet über http://dnb.d-nb.de abrufbar.

Umschlaggestaltung: die imprimatur, Hainburg
Umschlagkonzept: Martin Zech Design, Bremen
Lektorat: Dr. Sandra Krebs, GABAL Verlag GmbH, Offenbach
Satz: Zerosoft, Timisoara (Rumänien)
Druck und Verarbeitung: Salzland Druck, Staßfurt

Hinweis:
Das Buch ist sorgfältig erarbeitet worden. Dennoch erfolgen alle Angaben ohne Gewähr. Weder der Autor noch der Verlag können für eventuelle Nachteile oder Schäden, die aus den im Buch gemachten Hinweisen resultieren, eine Haftung übernehmen.

Printed in Germany

ISBN 978-3-86936-565-7

In 30 Minuten wissen Sie mehr!

Dieses Buch ist so konzipiert, dass Sie in kurzer Zeit prägnante und fundierte Informationen aufnehmen können. Mithilfe eines Leitsystems werden Sie durch das Buch geführt. Es erlaubt Ihnen, innerhalb Ihres persönlichen Zeitkontingents (von 10 bis 30 Minuten) das Wesentliche zu erfassen.

Kurze Lesezeit

In 30 Minuten können Sie das ganze Buch lesen. Wenn Sie weniger Zeit haben, lesen Sie gezielt nur die Stellen, die für Sie wichtige Informationen beinhalten.

- Alle wichtigen Informationen sind blau gedruckt.

- Schlüsselfragen mit Seitenverweisen zu Beginn eines jeden Kapitels erlauben eine schnelle Orientierung: Sie blättern direkt auf die Seite, die Ihre Wissenslücke schließt.

- *Zahlreiche Zusammenfassungen innerhalb der Kapitel erlauben das schnelle Querlesen.*

- Ein Fast Reader am Ende des Buches fasst alle wichtigen Aspekte zusammen.

- Ein Register erleichtert das Nachschlagen.

Inhalt

Vorwort

Für alle, die sich schon immer gefragt haben, wie man ein glückliches, erfolgreiches und sinnerfülltes Leben führen kann, gibt es eine einfache Antwort: Begeistern Sie sich wieder mehr.
Wer jetzt einen leisen Hilferuf ausstößt – „Hilfe, mich begeistert aber nichts mehr" –, kann ganz beruhigt sein, denn es gibt eine sehr gute Nachricht. Menschen können sich ein Leben lang für alles Mögliche begeistern: für andere Menschen, für ein spezielles Thema oder eine Idee, eine besondere Tätigkeit, für ein Ziel und vieles mehr.
Dabei ist der Schlüssel zur Begeisterung die Bedeutung, die wir den Dingen und Ereignissen geben. Sobald wir etwas denken, fühlen oder tun, das für uns bedeutsam ist, spüren wir Begeisterung, und uns durchströmt ein Glücksgefühl. Denn dann wird im Gehirn ein Begeisterungsmechanismus aktiviert, der ein Zauberelixier aus Glückshormonen freisetzt.
Warum aber räumen wir der Begeisterung in unserem erwachsenen Leben trotzdem so wenig Platz ein und lassen uns, je älter wir werden, oft von Alltagsroutine und Pflichterfüllung davon abhalten, das zu machen, was für uns wirklich wichtig ist und was uns begeistern kann? Wenn wir verstehen, was Begeisterung ist und wie sie funktioniert, können wir aktiv etwas dafür tun, um uns wieder mehr zu begeistern. Es ist im wahrsten Sinne des Wortes kinderleicht.

Wir müssen wieder mehr entdecken und gestalten, Neues ausprobieren und erkennen, was für uns von Bedeutung ist und was nicht. Unsere Begeisterung spielt dabei eine wichtige Rolle, denn immer dann, wenn wir einen kleinen oder großen Sturm der Begeisterung in uns spüren, ist das ein Signal dafür, dass wir etwas für uns Wichtiges gemacht oder gedacht, entdeckt oder gestaltet haben.
Wollen Sie sich wieder mehr begeistern? Dieses Buch bringt auf den Punkt,

- wie Begeisterung entsteht und wie sie funktioniert,
- wie Sie mit der Kraft der Begeisterung Ihre Ziele erreichen und über sich hinauswachsen,
- warum unsere Begeisterungsfähigkeit im Laufe des Älterwerdens mehr und mehr verschwindet,
- wie Sie Ihre Begeisterungsfähigkeit wiederentdecken können und
- wie Sie durch kleine praktische Übungen die Begeisterung im Alltag wachhalten.

Das Buch richtet sich an alle, die mit Begeisterung ein sinnerfülltes Leben führen wollen.

Dipl.-Psych. Hans-Georg Willmann
www.hans-georg-willmann.de

Selbsttest: Begeisterung fühlen

Wir alle kennen diesen wunderbaren Zustand purer Lebensfreude, dieses Glücksgefühl, das den ganzen Körper durchströmt und uns überwältigen kann. Den Schwung und den Tatendrang, die Lust und den Antrieb, der uns manchmal morgens aus dem Bett springen und uns Bäume ausreißen lässt. Dieser Zustand hat einen Namen: Begeisterung.
Können Sie sich noch entsinnen, welches Feuerwerk der Begeisterung Sie durchflutet hat, als Sie zum ersten Mal verliebt waren? Oder erinnern Sie sich noch an Ihre Kindheitserlebnisse und an die wundervollen Gefühle, mit denen Sie sich auf den Weg gemacht haben, um sich selbst und die Welt spielerisch zu entdecken? Alles war neu, aufregend und spannend, und alles, was wir im Kindesalter oder im Zustand des Verliebtseins entdeckt und erlebt haben, löste wahre Begeisterungsstürme in uns aus. Hirnforscher haben herausgefunden, dass kleine Kinder, im Vergleich zu Erwachsenen, täglich mehrmals den Zustand größter Begeisterung erleben.

Selbsteinschätzung

Hand aufs Herz! Wie oft durchflutet Sie heute noch das Gefühl der Begeisterung über etwas, das in Ihrem Leben stattfindet? Einmal am Tag? Einmal im Monat? Wann haben Sie zum letzten Mal etwas gemacht oder gedacht, das Sie begeistert hat? Heute, gestern oder vor einer Woche? Und wie oft erleben Sie das Gegenteil davon: Routine, Pflichterfüllung, Trägheit, Sorgen, Belastung und Nöte?

Begeisterung ist ein Zauberelixier, das uns glücklich und erfolgreich machen kann. Begeisterung lässt uns über uns selbst hinauswachsen und Ziele erreichen, die wir ohne sie nie erreichen würden. Testen Sie hier einmal, wie viel Begeisterung heute noch in Ihnen und in Ihrem Leben steckt und wie sehr Ihre Begeisterungsfähigkeit durch Alltagsroutinen und Pflichterfüllung bereits verloren gegangen ist.

Testen Sie Ihre Begeisterungsfähigkeit

Mit den folgenden 20 Fragen können Sie einschätzen, wie stark die Begeisterung in Ihrem Leben derzeit ausgeprägt ist. Bei der Beantwortung der Fragen gibt es keine richtigen oder falschen Antworten. Überlegen Sie daher nicht, welche Antworten den besten Eindruck machen könnten. Kreuzen Sie spontan das an, was Ihrer momentanen Einstellung und Empfindung entspricht. Sie profitieren am meisten, wenn Sie die Fragen ehrlich beantworten. Entscheiden Sie sich, welche der folgenden Aussagen wie stark auf Sie zutrifft.

Fragen zur Begeisterung	Stimmt gar nicht	Stimmt ein wenig	Stimmt weitgehend	Stimmt vollkommen
	0	1	2	3
1. Wenn ich morgens aufstehe, freue ich mich auf den neuen Tag.				
2. Mich durchströmt öfter mal ein Glücksgefühl.				
3. Ich spüre häufig Schwung und Tatendrang in mir.				
4. Andere melden mir öfter zurück, dass ich fröhlich wirke.				
5. Ich erfreue mich auch an den kleinen Dingen im Leben.				
6. Ich könnte sofort etwas nennen, das mich begeistert.				
7. Etwas begeistert mich noch mehr, wenn ich meine Begeisterung mit jemandem teilen kann, den ich mag.				
8. Ich lerne häufig fremde Menschen kennen.				
9. Ich probiere öfter mal etwas Neues aus.				
10. Im Urlaub gehe ich häufig auf Entdeckungstour.				
11. Ich interessiere mich für viele Dinge um mich herum.				

Fragen zur Begeisterung	Stimmt gar nicht	Stimmt ein wenig	Stimmt weitgehend	Stimmt vollkommen
	0	**1**	**2**	**3**
12. Ich stelle mir oft vor, was ich noch alles erleben will.				
13. Mir ist selten langweilig, weil es immer etwas Neues zu entdecken gibt.				
14. Mir macht es Spaß, neue Ideen zu verwirklichen.				
15. Ich habe Freude daran, mir etwas vorzunehmen und es umzusetzen.				
16. Etwas begeistert mich noch mehr, wenn sich andere mit mir freuen.				
17. Ich übernehme oft die Verantwortung für neue Aufgaben.				
18. Ich suche häufig neue Herausforderungen.				
19. Wenn mir etwas gelingt, fühle ich mich lebendig.				
20. Es begeistert mich immer wieder, etwas Neues zu gestalten.				

Auswertung

Wenn Sie eine Frage mit „Stimmt vollkommen“ beantwortet haben, zählt das drei Punkte. „Stimmt weitgehend“ zählt zwei Punkte, „Stimmt ein wenig“ zählt einen Punkt und „Stimmt gar nicht“ zählt null Punkte. Notieren Sie Ihre Punkte für die jeweilige Frage. Zählen Sie dann Ihre Gesamtpunktzahl zusammen.

Auswertung							
Frage	Punkte	Frage	Punkte	Frage	Punkte	Frage	Punkte
1		6		11		16	
2		7		12		17	
3		8		13		18	
4		9		14		19	
5		10		15		20	
Gesamtpunktzahl							

Begeisterung in Ihrem Leben

Wie viele Punkte haben Sie von den insgesamt 60 möglichen Punkten erreicht? Je höher Ihre Punktzahl, desto wahrscheinlicher ist es, dass Sie Ihre Begeisterung im Laufe des Älterwerdens trotz Routinen, Pflichterfüllung, Anpassungsdruck und mancher Angst lebendig halten können. Eine geringe Punktzahl deutet darauf hin, dass Ihr Alltag mächtig an Ihrer Begeisterung nagt.

Mit diesem kleinen Fragebogen haben Sie eine erste Einschätzung darüber getroffen, wie viel Begeisterung heute noch in Ihrem Leben steckt und was Sie überhaupt begeistert. Vielleicht ist das ein besonderer

Mensch, ein bestimmtes Thema oder eine Idee, eine Tätigkeit, ein Ziel oder vielleicht sind es besondere Dinge? Überlegen Sie schon jetzt, was Sie im Leben interessiert und was Ihnen wirklich wichtig ist.

Schauen Sie auch, welche Fragen Sie nachdenklich gestimmt haben. Besonders hier können Sie wachsam sein und auf die Suche nach Ihrer kindlichen Entdeckerfreude und Gestaltungslust gehen.

Denn so viel sei an dieser Stelle bereits verraten: Obwohl uns das Gefühl der Begeisterung glücklich macht und uns über uns selbst hinauswachsen lässt, verlieren wir im Laufe des Älterwerdens die Fähigkeit, uns für etwas zu begeistern. Auf den folgenden Seiten erfahren Sie, warum das so ist, und vor allem, dass das nicht so sein muss. Sie erfahren, wie Sie Ihre Begeisterungsfähigkeit wiederentdecken und wachhalten können. Dabei werden sowohl Ihr Denken als auch Ihr Fühlen eine wichtige Rolle spielen und Sie werden erfahren, warum Denken allein für ein begeisterndes und gelingendes Leben nicht ausreicht.

Freuen Sie sich auf viele praktische Tipps und anregende Fragen, mit deren Hilfe Sie Ihre Begeisterung wiederfinden können. Verstehen Sie die Tipps und Anregungen als Angebot und prüfen Sie, was für Sie persönlich hilfreich ist. Nutzen Sie, sooft Sie Lust dazu haben, die 16 kleinen Alltagsübungen, um mit Begeisterung glücklich und erfolgreich zu sein und ein sinnerfülltes Leben zu führen. Wer noch mehr über Begeisterung wissen will, findet im Literaturverzeichnis weitere Anregungen.

30 MINUTEN

1. Auf den Spuren der Begeisterung

Begeisterung ist der Schlüssel zu einem sinnerfüllten Leben. Zahlreiche neurobiologische und psychologische Forschungserkenntnisse der letzten Jahre haben das herausgefunden. Was aber ist Begeisterung und wie können wir diesen Schlüssel nutzen, um glücklicher und erfolgreicher zu leben? Ein Blick in unser Gehirn hilft uns dabei, zu begreifen, wie Begeisterung funktioniert. Heute können wir erklären, was und warum uns etwas begeistert und wie dadurch ein körpereigenes Glücks- und Leistungssteigerungsprogramm aktiviert wird, das uns in dem, was wir machen, schnell besser werden lässt und uns glücklich macht. Wer diesen Mechanismus versteht, kann seine Begeisterungsfähigkeit wiederentdecken und wachhalten – ein Leben lang.

1.1 Glücksgefühle

Begeisterung ist ein Gefühl, ein großartiges Gefühl, das uns über die Jahre unserer Entwicklung, vom Säugling zum Kleinkind, durch die Zeit der Pubertät und bis ins Erwachsenenalter zu dem gemacht hat, was wir heute sind. Ein Leben lang bestimmt die Begeisterung darüber, wie glücklich und erfolgreich wir leben. Denn das Gefühl der Begeisterung setzt in unserem Hirn ein Zauberelixier frei, das Glücksgefühle weckt und uns in dem, was wir machen, erfolgreich werden lässt.

Die Biologie der Begeisterung

Dieser Begeisterungsmechanismus funktioniert ganz einfach: Immer dann, wenn etwas für uns bedeutsam ist, werden in unserem Gehirn emotionale Zentren aktiviert. Außerdem wird eine Gruppe von Nervenzellen erregt, die an den Enden ihrer langen Fortsätze, die sich in alle Bereiche unseres Gehirns ziehen, ein Gemisch aus neuroplastischen Botenstoffen ausschütten. Dieses Zauberelixier besteht aus Adrenalin, Noradrenalin, Dopamin und verschiedenen Peptiden wie Endorphine und Enkephaline, die allgemein als Glückshormone bekannt sind. Dieser Vorgang führt unmittelbar zu einem Glücksgefühl.

Unser Begeisterungsmechanismus kann jedoch noch mehr. Denn diese Botenstoffe bringen nachgeschaltete Nervenzellen dazu, verstärkt bestimmte Eiweiße herzustellen, die dafür gebraucht werden, neue Fortsätze

wachsen zu lassen und neue Nervenzellkontakte herauszubilden. Und das führt dazu, dass wir in dem, was für uns bedeutsam ist, schnell besser und dadurch erfolgreich werden können.
Wir selbst haben es in der Hand, diesen Begeisterungsmechanismus zu starten, indem wir etwas für uns Bedeutsames denken, fühlen oder tun. Dieser Mechanismus funktioniert bis ins hohe Alter, denn unser Gehirn ist ein Leben lang lernfähig. Dabei entwickelt es sich genau so, wie und wofür wir es benutzen. Hirnforscher wie Gerald Hüther sprechen von Neurogenese, der nutzungsabhängigen Plastizität des Gehirns, und die funktioniert umso besser, je größer die Bedeutsamkeit dessen und damit die Begeisterung für das ist, was wir denken, fühlen oder machen. Das können wir bei Menschen beobachten, die ihren Beruf mit Begeisterung ausüben und bis ins hohe Alter fit bleiben.
Ohne ein Begeisterungsempfinden bleiben unsere emotionalen Zentren im Hirn dagegen stumm, das Zauberelixier aus neuroplastischen Botenstoffen wird nicht gebraut und wir spüren weder Glücksgefühle noch können wir in dem, was wir tun, besonders schnell gut und besser werden.

Was Menschen begeistert

Was aber ist es, das für uns Menschen bedeutsam ist und das uns begeistern kann? Sind das Menschen, bestimmte Themen, Ideen oder Tätigkeiten, Ziele oder besondere Dinge? Auch auf diese Frage kennt die Forschung eine Antwort. Zwar wird mit zunehmendem Alter für jeden Menschen etwas anderes bedeutsam, es existiert jedoch eine gemeinsame Wurzel, die bereits vor unserer Geburt, also noch im Mutterleib angelegt wird: Das, was uns für die eigene Lebensbewältigung als besonders wichtig erscheint, was uns also aus uns selbst heraus interessiert, ist bedeutsam für uns und kann uns begeistern.

Als Säugling und kleines Kind ist das die Steuerung der eigenen Körperfunktionen und Bewegungsabläufe. Wir wollen uns entwickeln und wachsen. Später kommt die Gestaltung der Beziehungen zu unseren engsten Bezugspersonen hinzu, ohne die wir nicht überleben könnten. Wir brauchen eine sichere Bindung. Und danach erscheint uns die schrittweise Entdeckung und Gestaltung unserer immer größer und komplexer werdenden Lebenswelt als besonders bedeutsam.

So gehen wir seit unseren ersten Tagen auf dieser Welt mit den beiden angeborenen Grundbedürfnissen nach Erkundung und Bindung durchs Leben. Alles, was wir denken, fühlen und tun, orientiert sich an der Befriedigung dieser beiden Grundbedürfnisse, und alles, was dazu beiträgt, sie zu stillen, ist für uns bedeutsam und kann uns begeistern. Was das im Einzelnen ist, kann individuell sehr unterschiedlich sein, denn unser Gehirn reagiert auf das, was uns aufgrund unserer eigenen Erfahrungen in unserer individuellen Lebenswelt in Erinnerung bleibt, und das ist bei jedem Menschen unterschiedlich.

Schnelle Begeisterungsstifter

Wir suchen uns bei der Geburt weder unsere Eltern noch die Lebensumstände aus, in denen wir aufwachsen. Und so machen verschiedene Menschen im Laufe ihrer Entwicklung unterschiedliche Erfahrungen. Wer unter Lebensbedingungen aufgewachsen ist oder lebt, die die Befriedigung der beiden angeborenen Grundbedürfnisse nach Bindung (Verbundenheit) und Erkundung (Wachstum) vorübergehend oder dauerhaft verhindern, leidet oft unter einem Mangel und sucht nach Ersatzbefriedigungen, um dieses Defizit auszugleichen. Dabei kann der Konsum von etwas, das für uns eigentlich völlig unwichtig ist, an Bedeutung gewinnen: Fernsehen oder Powershoppen, Internetsurfen oder Dauerparty, Glücks- und Heilsversprechen. Das hat neurobiologisch gesehen wenig mit Bindung und Erkundung, sondern vielmehr mit Konsum und Kompensation zu tun, scheint uns aber zuweilen für die eigene Lebensbewältigung oder vielleicht auch nur für die Unglücksbewältigung bedeutsam zu sein.

Das schnelle Begeisterungsgefühl, welches wir durch den Konsum von etwas bekommen, das wir mit Bedeutung aufladen, verbraucht sich oft ebenso schnell, wie es sich eingestellt hat. Wenn uns zum Beispiel eine bestimmte Markenjeans begeistert und wir sie unbedingt haben wollen, steckt dahinter häufig eine Bedeutungsgebung, deren Quelle die Gemeinschaft ist, in der wir leben. Dann sind es nicht die Dinge selbst, die uns begeistern. Nicht die Markenjeans oder der Designeranzug, sondern die Bedeutung, die diese Dinge in der Gemeinschaft haben, in der wir leben. Beispielsweise die Bedeutung von „In-Sein“ oder „Schick-Sein“, die mit Markenkleidung verbunden wird.

Je mehr wir versuchen, mit schnellen Begeisterungsstiftern glücklich und erfolgreich zu werden, desto eher stoßen wir an Grenzen: an die Grenzen unseres Geldbeutels, die Grenzen unserer Aufmerksamkeit oder an die Grenzen der Sinnhaftigkeit. Denn Begeisterung entsteht nicht, wenn uns jemand sagt, was für uns bedeutsam ist. Etwas, das wir aus unserem tiefen Erkundungs- und Bindungsbedürfnis heraus für uns als bedeutsam bewerten, kann uns hingegen nachhaltig begeistern. Zum Beispiel das Reisen oder das intensive (Selbst-) Studium eines Themas, das uns wahrhaft interessiert.

1. Alltagsübung: Was ist für Sie bedeutsam?
Schließen Sie für einen Moment die Augen. Gehen Sie in Gedanken alle Bereiche Ihres Lebens durch: Ihre Arbeit, Ihre Familie und Ihre Freizeit. Und nun überlegen Sie einmal, was Sie wirklich interessiert, was für Sie wirklich wichtig ist? Welche Menschen, Themen, Ideen, Tätigkeiten, Ziele oder Dinge sind das? Was empfinden Sie, während Sie an das denken, was Ihnen wirklich etwas bedeutet? Notieren Sie einige Stichworte, wenn Sie wollen.

30 *Wenn für uns etwas bedeutsam ist, braut unser Gehirn ein Zauberelixier aus neuroplastischen Botenstoffen, das für eine Flut an Glücksgefühlen* *sorgt und uns in dem, was wir tun, schnell besser werden lässt. Dann spüren wir ein den ganzen Körper durchströmendes Begeisterungsgefühl. Auf der Basis unseres angeborenen Bindungs- und Erkundungsbedürfnisses ist für uns alles bedeutsam, was uns bei der eigenen Lebensbewältigung hilft. Gefährlich werden können uns schnelle Begeisterungsstifter, zum Beispiel Konsum.*

1.2 Entdeckerfreude

Für ein Kind ist noch fast alles, was es erlebt, bedeutsam. Alles ist neu und muss erkundet werden, um sich in der Welt zurechtzufinden und das Leben gut zu bewältigen. Kein Wunder, dass kleine Kinder zwanzig bis fünfzig Mal am Tag von einem Sturm der Begeisterung durchflutet werden. Im Laufe des Älterwerdens nehmen diese Begeisterungsstürme ab, denn dann haben wir bereits viel entdeckt und finden uns in unserer Lebenswelt, in der wir uns eingerichtet haben, zurecht. Wir verfügen jedoch zeitlebens über einen Entdeckerdrang und damit über das Potenzial, uns zu begeistern.

Mit Begeisterung Großes schaffen

Wir Menschen können uns grundsätzlich für alles begeistern, denn wir verfügen über die Fähigkeit, etwas für bedeutsam zu halten, das weder für unser unmittelbares Überleben noch für unsere Fortpflanzung ge-

braucht wird. Beispiele gibt es viele. Manche Menschen lieben die Oper, andere sind von Modelleisenbahnen begeistert, manche sammeln leidenschaftlich Briefmarken oder Kronkorken, andere begeistert es, exotische Sprachen zu lernen, und viele Menschen sind von einer Idee begeistert, die sie unbedingt umsetzen wollen. Wir verdanken viele große Entdeckungen und Erfindungen der Menschheit der Begeisterung Einzelner für ihre Idee. Die Geschichtsbücher sind voll von Beispielen, wie aus einer Idee, die mit der Macht und Energie der Begeisterung besetzt wird, etwas Großes wurde.
Ob es sich um politische Aktivisten wie Mahatma Gandhi oder Martin Luther King handelt, ob es Wissenschaftler wie Albert Einstein sind, Musiker wie Wolfgang Amadeus Mozart, Naturforscher wie Alexander von Humboldt. Oder Entdecker wie Christoph Kolumbus. Er hatte die Idee, auf dem westlichen Seeweg von Europa nach Ostasien zu gelangen. Das Weltbild des 15. Jahrhunderts kannte weder den Umfang der Erdkugel noch wusste man von der Existenz Amerikas (obwohl bereits 500 Jahre zuvor Isländer, wahrscheinlich Leif Eriksson, Amerika entdeckt hatten). Und so stach Kolumbus am 3. August 1492 in See und ins Ungewisse und entdeckte Amerika. Auch sein Treibstoff war die Begeisterung.

Neue Erfahrungen machen

Was können wir daraus auf unserer Suche nach der Begeisterung lernen? Kolumbus hat sich weniger von den damaligen Vorstellungen über die Welt als vielmehr von seiner Vorstellungskraft leiten lassen. Er hinterfragte das existierende Weltbild und war fest davon überzeugt, dass es hinter dem Horizont weitergeht. Kolumbus hätte seinerzeit auch in spanischen Diensten als Kapitän einer Handelsflotte in See stechen können. Zwischen Palos de la Frontera bei Huelva in Spanien und Genua in Italien hätte er Waren hin und her geschifft. Aber Kolumbus war von seiner Idee begeistert, *las Indias*, das unbekannte Indien und die unbekannten Länder hinter Indien, zu entdecken. Sein Entdeckerdrang war so stark, dass er nicht anders konnte, als in See zu stechen, um Neues zu entdecken und neue Erfahrungen zu machen.

Hirnphysiologisch gesehen ist es eine Voraussetzung für Begeisterung, neue Erfahrungen zu machen. Neue Erfahrungen, die wir in unserem Leben sammeln, erzeugen neue neuronale Aktivierungsmuster, die unsere bisherigen Vorstellungen und Überzeugungen destabilisieren und auflösen können. Dadurch ist es uns möglich, etwas Neues zu denken, zu fühlen, was wir bislang noch nicht gefühlt haben, und uns anders zu verhalten, als wir es für gewöhnlich tun. Und das erzeugt ein Gefühl der Begeisterung in uns, denn dafür ist unser Gehirn gebaut.

Dabei gibt es prinzipiell zwei Wege, auf denen wir eine neue Erfahrung sammeln können. Entweder wir begeben uns wie Kolumbus bewusst auf Entdeckungstour und machen dabei neue Erfahrungen. Zum Beispiel planen wir bewusst eine Australienreise, buchen ein Flugticket, fliegen nach *Down Under*, kaufen uns dort ein Motorrad und erkunden auf eigene Faust das Land und die Leute. Oder wir sammeln zufällig neue Erfahrungen, weil wir zum Beispiel auf dem Weg zur Arbeit eine Umleitung nehmen müssen, und entdecken unterwegs und quasi im Vorbeigehen etwas, das wir zuvor noch nicht kannten.

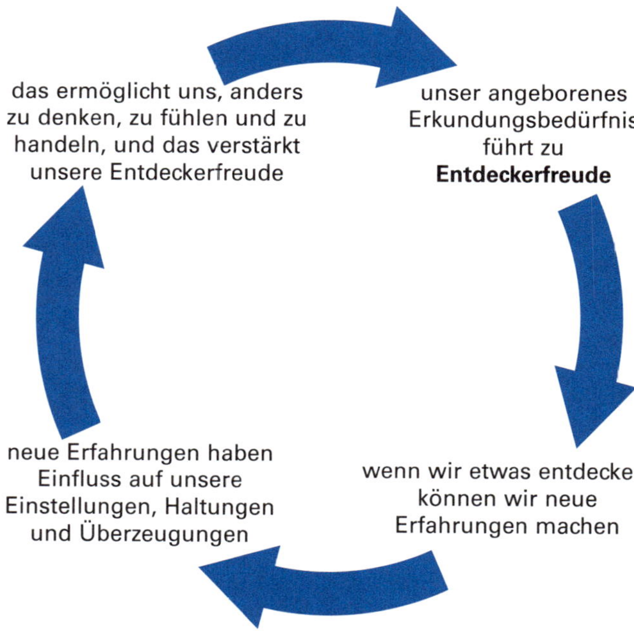

Abb. 1: Neues zu entdecken und neue Erfahrungen zu machen ist eine Voraussetzung für Begeisterung

Wenn wir in unserem Leben keine Möglichkeit mehr hätten, Neues zu entdecken und neue Erfahrungen zu machen, würden sich unsere Einstellungen und Überzeugungen verfestigen und wir würden fortan immer auf dieselbe Art und Weise denken, fühlen und handeln. Das wäre das Ende der Begeisterung und der Anfang der Depression. Allein deshalb lohnt es sich, zeitlebens der Entdecker seiner Möglichkeiten zu bleiben.

2. Alltagsübung: Was war Ihre letzte Entdeckung?
Schließen Sie die Augen und überlegen Sie einmal, wann Sie zum letzten Mal eine wirklich neue Erfahrung gemacht haben. Wie ist Ihnen das gelungen? Vielleicht haben Sie sich darauf eingelassen, mit einem Freund einen Kinofilm anzusehen, den Sie sich allein niemals angesehen hätten. Oder Sie haben sich auf ein Reiseziel eingelassen, das Sie allein aus Unsicherheit nicht gewählt hätten. Notieren Sie einige Stichworte.

Eine wesentliche Voraussetzung für Begeisterung ist es, Neues zu entdecken. Wenn wir unserer Entdeckerfreude nachgehen und neue Erfahrungen machen, können wir unsere Überzeugungen hinterfragen und verändern, neue Gedanken denken, neue Gefühle fühlen und neue Verhaltensweisen ausprobieren und so Fähigkeiten entwickeln, die für ein gelingendes Leben wichtig sind. Das erzeugt ein Gefühl der Begeisterung in uns. 30

1.3 Gestaltungslust

Als Kind machen wir uns die Welt zu eigen, indem wir ausprobieren. Wir machen es einfach, machen Fehler und machen es dann noch einmal, aber anders – so lange, bis uns etwas gelingt. Wie viele Tausend Versuche hat es gebraucht, bis wir gelernt haben, zu laufen oder zu sprechen? Und wir haben dennoch unverdrossen mit großer Gestaltungslust nicht aufgehört, uns selbst auszuprobieren, bis wir konnten, was wir wollten. Im Erwachsenenalter verlernen wir dieses spielerische Ausprobieren und Gestalten und dadurch verlieren wir auch viel von unserer Begeisterung. Unser Drang, etwas selbst machen zu wollen, bleibt jedoch ein Leben lang erhalten.

Die Kraft des Selbermachens

Als Kind lernen wir, Schritt für Schritt unseren Körper zu bewegen, zu lenken und zu steuern, lernen krabbeln, laufen und springen, klettern, Fahrrad fahren und schwimmen. Für jedes Kind ist es eine wahre Lust, von Geburt an den eigenen Körper kennen und gebrauchen zu lernen. Am Ende dieser Entwicklung gelingt es uns meist recht gut, unseren Körper zu beherrschen.
Wir lernen auch mit den vielen Gegenständen in unserer Umgebung umzugehen. Wir greifen nach dem Wasserstrahl, bis wir begreifen, dass wir Wasser nicht greifen können, bauen uns eine Höhle unter dem Esstisch und sind stolz auf unsere selbst gebaute Behau-

sung, backen mit unserer Mutter die ersten Weihnachtsplätzchen und sind begeistert, wenn wir die leckeren, selbst gemachten Kekse in den Händen halten. Wir lernen selbstständig mit Messer und Gabel zu essen, den Fernseher und Computer selbst zu bedienen, im Garten eine Blume zu pflanzen oder in der Werkstatt ein Stück Holz zu sägen.
In der Schule lernen wir dann lesen, schreiben und rechnen, eine Fremdsprache zu sprechen und vielleicht auch ein Musikinstrument zu spielen. Wir lernen unterschiedliche Themengebiete kennen wie beispielsweise Geschichte oder Biologie, Wirtschaftslehre oder Technik. Und alles, was wir selbst machen und gestalten können und was uns gelingt, bereitet uns Lust und begeistert uns. Denken Sie nur einmal an den Boom der Baumärkte, der nur möglich ist, weil es uns so tief befriedigt, wenn wir unser Zuhause eigenhändig verschönert haben. Die einzige Voraussetzung für diese Begeisterung ist, dass uns niemand dazu zwingt, etwas selber zu machen, oder uns dabei andauernd belehrt.

Gelingenserfahrungen machen

Wir entdecken und gestalten also unsere Welt, machen neue Erfahrungen, und je mehr wir dabei feststellen, dass wir etwas selbst und gut machen, desto begeisterter sind wir. Denn nicht nur bei neuen Erfahrungen, die für uns wichtig sind, werden unsere emotionalen Zentren aktiviert und das Zauberelixier aus neuroplastischen Botenstoffen gebraut, das uns glücklich macht,

sondern eben auch, wenn uns etwas gelingt, das für uns wichtig ist.
Eine Gelingenserfahrung vermittelt uns das Gefühl, selbst etwas bewirken zu können, und stärkt unser Selbstvertrauen, aufgrund eigener Fähigkeiten gewünschte Handlungen erfolgreich auszuführen. Dadurch entwickeln wir die innere Überzeugung, dass wir unser Leben aktiv gestalten können. Das löst in unserem Gehirn Zustände größter Begeisterung aus, die wiederum dafür verantwortlich sind, dass wir bei dem, was wir machen, schnell und gut lernen und kontinuierlich besser werden. Immer dann, wenn uns etwas Neues gelingt, das wir für uns als wichtig und bedeutsam bewerten, entsteht das Gefühl der Begeisterung in uns.
Je nachdem, was wir als Kind selbst ausprobieren durften, was uns von unseren Eltern und den Menschen in unserer Umgebung zugetraut wurde und was wir selbst gestaltet haben, verfügen wir als Erwachsene über mehr oder weniger Selbstvertrauen, das zu tun, was uns aus uns selbst heraus etwas bedeutet. Und abhängig davon, was wir im weiteren Verlauf unseres Lebens selbst gemacht haben und aktuell noch selbst gestalten können, fühlen wir uns heute stärker oder weniger stark in der Rolle des Gestalters unseres Lebens.
Entdecken und gestalten, dadurch neue Erfahrungen machen und die Erfahrung machen, selbst etwas bewirken zu können, das ist es, was zur Befriedigung unseres Erkundungsbedürfnisses beiträgt, und das ist eine wesentliche Voraussetzung für Begeisterung.

Abb. 2: Etwas zu gestalten, es selbst und gut zu machen, ist eine Voraussetzung für Begeisterung

Wenn wir in unserem Leben nichts mehr selbst gestalten könnten und dadurch keine neuen Gelingenserfahrungen mehr machen würden, wäre es mit unserer Begeisterung zu Ende. Dann würden wir vielleicht noch mehr oder weniger gut funktionieren, wie eine Maschine, aber das wäre ein tristes Leben ohne Freude.

3. Alltagsübung: Was war Ihre letzte Gelingenserfahrung?
Schließen Sie die Augen und überlegen Sie, wann Sie zuletzt das Gefühl hatten, etwas selbst gestaltet und Einfluss auf Ihr Leben genommen zu haben. Was war das? Wie gut ist es Ihnen gelungen? Und wie hat es sich angefühlt, die Erfahrung zu machen, dass Sie etwas selbst und gut machen können?

30 *Eine Voraussetzung für Begeisterung ist es, Neues auszuprobieren und zu gestalten. Wenn wir unserer Gestaltungslust nachgehen, können wir Gelingenserfahrungen machen, unsere Überzeugung stärken, unsere Lebenswelt selbst gestalten zu können, und uns so trauen, immer neue Dinge auszuprobieren und zu gestalten. So entwickeln wir Fähigkeiten, die für ein gelingendes Leben wichtig sind. Und das erzeugt Begeisterung.*

1.4 Beziehungswunsch

Vor unserer Geburt sind wir durch die Nabelschnur mit unserer Mutter verbunden. Die Nabelschnur wird bei der Geburt durchtrennt, und da wir zunächst auf die Versorgung unserer Eltern angewiesen sind, brauchen wir einen Ersatz für die Nabelschnurverbindung. Dieser Ersatz ist unser angeborenes Grundbedürfnis nach Bindung. Und unser Bindungsbedürfnis ist stark. Sobald wir uns verbunden fühlen, feuern unsere emotionalen Zentren, dann wird das Zauberelixier aus neuroplastischen Botenstoffen gebraut, sorgt für wahre Begeisterungsstürme in uns und macht uns glücklich. Erinnern Sie sich einmal daran, wie es ist, verliebt zu sein. Deshalb wollen wir das Gefühl der Verbundenheit auch zeitlebens nicht mehr missen und suchen ein Leben lang nach einer Sicherheit bietenden Bindungsbeziehung. Dafür sind wir bereit, nahezu alles zu tun und uns allem anzupassen, denn ohne dieses Verbundenheitsgefühl haben wir Angst. Das Gefühl der Verbundenheit hingegen beflügelt uns und verstärkt sogar unsere Begeisterung, wenn wir Neues entdecken und gestalten, das für uns oder die Menschen, mit denen wir uns verbunden fühlen, bedeutsam ist.

Begeisterungsverstärker

Menschen, die für uns wichtig sind und die uns etwas bedeuten, können wahre Begeisterungsverstärker für uns sein. In unseren Kindertagen entdecken und gestalten wir umso mehr, sobald jemand da ist, der sich mit uns darüber freut, dass wir etwas Neues entdeckt haben oder uns etwas Neues gelungen ist. Beobachten Sie einmal Eltern mit ihren kleinen Kindern. Immer wenn ein Kind stolz präsentiert, was es gerade eben neu entdeckt oder gelernt hat, und seine Mutter oder sein Vater freuen sich mit ihm darüber, sehen Sie in den Augen des Kindes die doppelte Begeisterung. Und dann strengt sich das Kind besonders an, um noch besser zu werden. Denn da ist jemand, der für das Kind wichtig ist und

dem es ebenso wichtig scheint wie dem Kind, dass es sich entwickelt und etwas dazulernt.
Auch im Erwachsenenalter verstärken Menschen, mit denen wir uns verbunden fühlen, die uns wichtig sind und die uns etwas bedeuten, unsere Begeisterung. Ob in der Familie, am Arbeitsplatz oder in der Freizeit: Wenn wir unser Bindungsbedürfnis befriedigen können und Zustimmung und Zuneigung von den Menschen, mit denen wir uns verbunden fühlen, für das erfahren, wie wir sind und was wir machen, fühlen wir uns sicher und können mit Begeisterung über uns hinauswachsen. Wenn es zum Beispiel unserem Chef wichtig ist, dass wir gut sind in unserem Job, spornt uns das an und unsere Begeisterung für die Tätigkeit wächst. Oder wenn wir Fußball spielen und uns mit unserer Mannschaft verbunden fühlen, dann begeistert uns nicht nur das Fußballspiel selbst, sondern in doppelter Weise die Beziehung zu den anderen Spielern. Eine Fußballmannschaft ist eine individualisierte Gemeinschaft, in der das Potenzial jedes Einzelnen, aber auch das der ganzen Gruppe zur Entfaltung kommen kann. Oder anders gesagt: In der Gruppe kann man als Einzelner am besten über sich hinauswachsen. Die Lust am eigenen Gestalten und die Freude am Entdecken verstärken sich also, sobald sich andere, mit denen wir uns verbunden fühlen, real oder auch nur in unserer Vorstellung mit uns darüber freuen, wenn uns etwas gelingt. Wäre es den Menschen, mit denen wir uns verbunden fühlen, egal, ob und wenn ja was und wie gut

wir etwas Neues entdecken und gestalten, würde unsere Lust am Entdecken und Gestalten schnell vergehen und unsere Begeisterung würde verschwinden.

4. Alltagsübung: Mit wem fühlen Sie sich verbunden?
Schließen Sie erneut die Augen und überlegen Sie einmal, mit welchen Menschen Sie sich verbunden fühlen. Und was empfinden Sie bei dem Gedanken, dass diese Menschen sich mit Ihnen freuen, wenn Sie etwas Neues entdecken oder wenn Ihnen etwas gelingt?

Damit wir uns für etwas begeistern können, muss 30
es bedeutsam für uns sein. Sobald wir dem nachgehen, was uns aus uns selbst heraus interessiert, braut unser Gehirn ein Zauberelixier aus neuroplastischen Botenstoffen, das uns glücklich macht und dazu führt, dass wir in dem, was wir tun, schnell besser werden.

Als Kind sind wir oft begeistert. Im Laufe des Älterwerdens nimmt das aber deutlich ab. Um der Begeisterung wieder auf die Spur zu kommen, ist die folgende Strategie hilfreich:

- ***Erkunden Sie Ihre Lebenswelt, entdecken Sie Neues und machen Sie neue Erfahrungen.***
- ***Probieren Sie Ihre Fähigkeiten aus, gestalten Sie Ihre Lebenswelt und schauen Sie, was Ihnen besonders gut gelingt.***
- ***Lernen Sie Menschen kennen, achten Sie darauf, mit wem Sie sich verbunden fühlen, und wachsen Sie mit anderen über sich hinaus.***

30 MINUTEN

2. Wie Begeisterung verschwindet

Obwohl uns Begeisterung glücklich macht und uns in dem, was wir tun, gut werden lässt, gestalten wir unser Leben oft so, dass die Begeisterung darin immer weniger Chancen hat. Im Erwachsenenalter durchflutet uns nur noch selten der Glückssturm der Begeisterung, den wir aus Kindertagen oder aus Zeiten des Verliebtseins kennen. Unsere Begeisterung verschwindet im Laufe des Älterwerdens mehr und mehr und kommt unter die Räder der Alltagsroutine, der Pflichterfüllung, der Anpassung und der Angst. Wenn wir erkennen, wie und wohin unsere Begeisterung verschwindet, haben wir eine Chance, sie wiederzuentdecken und wachzuhalten.

2.1 Routinebetrieb

Vieles im Leben ist Routine. Und oft ist Routine hilfreich, um mit der Komplexität und den Aufgaben in der Welt leichter zurechtzukommen. Je besser wir uns in unserer Lebenswelt zurechtfinden, desto weniger müssen wir uns anstrengen, um das, was alltäglich auf uns zukommt, zu bewältigen. Weil wir Menschen von Natur aus darauf programmiert sind, mit unserer Energie sparsam umzugehen, suchen wir die Anstrengungsvermeidung durch Routinen. Die Kehrseite der Medaille ist jedoch: Routine kann Begeisterung auffressen. Denn unser Gehirn ist dafür gebaut, aktiv Neues zu entdecken und zu gestalten. Menschen wollen sich entwickeln und wachsen.

Im Hamsterrad des Alltags

Erinnern Sie sich noch daran, was Sie vor zwei Tagen in der Kantine zu Mittag gegessen haben? Oder an das, was Sie vergangenen Mittwochabend gemacht haben? Nein? Dann waren diese Tage unwichtig für Sie, oder besser gesagt sie waren es für Ihr Gehirn, Tage wie alle anderen, die in der Routine untergegangen sind: Hamsterradtage!

Erinnern Sie sich hingegen an Ihren letzten schönen Urlaub oder an eine herausfordernde Aufgabe, die Sie in letzter Zeit erfolgreich gelöst haben? Ja? Dann deshalb, weil solche Tage außerhalb der Routine etwas Besonderes für Sie und Ihr Gehirn sind. Tage, die Ihnen etwas bedeuten. Eben keine Hamsterradtage. Unser Gehirn sprüht sprichwörtlich Begeisterungsfunken, wenn wir etwas machen, das es noch nicht kennt, und wenn uns das, was wir machen, gelingt. Das ist jedoch anstrengender, als in unseren Routinen zu verweilen, und da wir evolutionsbiologisch gesehen darauf programmiert sind, Ressourcen durch Routinen zu schonen, stecken wir im Dilemma.

Unser Ressourcenschonungsprogramm war vor 10.000 Jahren, als wir noch im Lendenschurz durch die Savanne Afrikas gerannt sind, sehr nützlich, um zu überleben. Heute trägt es leider dazu bei, dass unsere Begeisterung verschwindet, denn es hindert uns daran, für uns neue, wichtige Aufgaben und Herausforderungen anzugehen. Begeisterung entsteht jedoch gerade dann, wenn wir etwas für uns bedeutsames Neues machen. Wenn wir unsere Routinen verlassen, gehen wir über unsere gewohnten Denk-, Fühl- und Verhaltensmuster hinaus, und dabei werden die emotionalen Zentren im Gehirn aktiviert, der Begeisterungsmechanismus gestartet und das Zauberelixier, das uns glücklich und erfolgreich macht, gebraut.

Es lohnt sich, bewusst darauf zu achten, wann wir die Ressourcenschonung durch Routineprogramme nutzen und wann wir genug Energie haben, um unsere Routinen zu durchbrechen und dadurch den Begeisterungsmechanismus zu starten. So lernen wir mit der Zeit, uns bewusst für oder gegen eine Routine zu entscheiden.

5. Alltagsübung: Erinnern Sie sich an einen besonderen Tag?
Überlegen Sie einmal, welcher Tag der letzten Wochen für Sie etwas Besonderes war. Was hat diesen Tag zu etwas Besonderem gemacht? Was haben Sie gemacht? Mit wem und wo und wie haben Sie es gemacht? Und wie fühlen Sie sich, während Sie an diesen Tag denken?

30 *Routine kann Begeisterung auffressen, denn unser Gehirn ist dafür gebaut, Neues zu entdecken. Das Dilemma ist, dass Neues immer mehr anstrengt als Gewohntes und dass wir evolutionsbiologisch darauf programmiert sind, Ressourcen durch Routinen zu schonen. Um aus unseren Routinen auszubrechen, brauchen wir Energie und Mut.*

2.2 Pflichterfüllung

Wir alle leben in einem gesellschaftlichen Umfeld und haben unsere Pflichten zu erfüllen, um unsere Existenz zu sichern. Im Laufe des Älterwerdens nehmen diese Verpflichtungen meist zu und es gibt Zeiten, in denen es einfach zu viel wird. Die Folge: Pflichterfüllung kann Begeisterung ersticken. Denn Begeisterung braucht den Raum neben der Pflicht, damit wir herausfinden, was uns aus uns selbst heraus interessiert und was für uns wichtig ist.

Im Modus der Pflichterfüllung

Kennen Sie den Modus der Pflichterfüllung? Morgens zwischen Aufwachen und Frühstück gehen Sie gedanklich Punkt für Punkt durch, was Sie *heute alles machen müssen,* und dann funktionieren Sie den ganzen Tag über, bis Sie abends erschöpft einschlafen. Es gibt Phasen im Leben, in denen die Tage genau nach diesem Muster ablaufen. Um alles geregelt zu bekommen, ist dieser Modus durchaus nützlich. Und wenn die tägliche Pflichterfüllung etwas mit dem zu tun hat, was uns interessiert und wichtig ist, kann uns das sogar begeistern. Denn dann stellt die Pflicht gleichermaßen eine Möglichkeit dar, das zu tun, was wir aus uns selbst heraus tun wollen. Die Pflicht wird zur Kür. Das können wir bei Menschen beobachten, die ihre Leidenschaft zum Beruf bzw. zum Lebensinhalt gemacht haben. Zum Beispiel bei Musikern, Autoren, Sportlern, Wissenschaftlern, Abenteurern, Bergsteigern oder politischen Aktivisten. Diese Menschen erkennen wir an den leuchtenden Augen, wenn sie von dem erzählen, was sie tun.

Wenn wir jedoch bei unseren täglichen Verpflichtungen wenig von dem realisieren, was uns etwas bedeutet, ist die Begeisterung in Gefahr. Wer nach dem Motto lebt: „erst die Pflicht, dann die Kür“, dem bleibt oft wenig Spielraum, um herauszufinden, was ihn aus sich selbst heraus wirklich interessiert, und das dann auch zu tun. Die tägliche Pflichterfüllung braucht so viel Zeit und Energie, dass sich die Begeisterung häufig auf den Feierabend und den Urlaub verlagert. Die Herausforderung besteht dann darin, die

Dinge, die uns begeistern, nicht zu kurz kommen zu lassen und uns auch nicht durch zu viele schnelle Begeisterungsstifter (zum Beispiel Konsum) verführen zu lassen.
Es lohnt sich, bewusst darauf zu achten, welche unserer täglichen Verpflichtungen etwas mit der Umsetzung eigener oder fremder Interessen zu tun haben. So können wir lernen, uns bewusst für oder gegen eine übermäßige Pflichterfüllung fremder Vorstellungen zu entscheiden.

6. Alltagsübung: Was war Ihre letzte Aufgabe ohne Verpflichtung?
Wann haben Sie das letzte Mal etwas gemacht oder gedacht, ohne dass damit eine fremde Erwartung verbunden war? Was haben Sie in letzter Zeit ohne Verpflichtungsgefühl gemacht oder gedacht? Und wie haben Sie sich dabei gefühlt?

30 *Pflichterfüllung kann Begeisterung ersticken, wenn zu viele Verpflichtungen nichts mit dem zu tun haben, was uns etwas bedeutet. Um neben der Pflichterfüllung Raum für Begeisterung zu schaffen, brauchen wir Zeit, Energie und Achtsamkeit.*

2.3 Anpassung

Jeder Mensch passt sich an die Vorstellungswelt und an die Verhaltensweisen der Menschen in seiner Umgebung an. Und das ist sinnvoll, um eine Orientierung für das eigene Leben zu bekommen. Aber diese Anpassung kann Begeisterung fehlleiten. Denn ohne es zu bemerken, können wir uns im Laufe des Anpassungsprozesses immer weiter von uns selbst und von dem entfernen, was uns eigentlich interessiert und begeistert.

In den Fängen der Gruppe

Wissen Sie, wem Sie sich anpassen und welche Auswirkungen das auf Ihre Begeisterung hat? Wir Menschen sind soziale Wesen und passen uns den Normen unserer kulturellen Gemeinschaft an. Das entspricht unserem Grundbedürfnis nach Bindung. Sich anzupassen ist dabei nicht das Problem. Denn wenn wir uns in der Gemeinschaft, in der wir leben, und mit den Menschen, mit denen wir Zeit verbringen, verbunden und gleichzeitig frei fühlen, kann sich unsere Begeisterung durch die Anpassung sogar noch verstärken. Wenn sich ein Mensch, der uns etwas bedeutet, mit uns freut, wenn wir etwas tun, das uns etwas bedeutet, dann ist die geteilte Freude doppelte Freude.
Das Problem entsteht erst dann, wenn wir uns mit jemandem verbunden fühlen und uns anpassen, ohne uns dabei gleichzeitig frei zu fühlen. Wenn wir von jemandem abhängig werden, machen wir Dinge, die uns aus uns selbst heraus nichts bedeuten und die uns und unsere Begeisterung fehlleiten können. Wir kaufen beispielsweise Markenkleider, weil das in unserer Clique *in* ist, obwohl sie uns zu teuer sind. Oder wir studieren Jura, weil das der Vater so will, obwohl wir uns für Kunstgeschichte interessieren.

Warum machen wir das? Weil wir dazugehören wollen! Unser Grundbedürfnis nach Bindung ist so fundamental, dass wir nahezu alles machen, um dazuzugehören, auch wenn dabei unsere Freiheit eingeschränkt wird und wir uns selbst schaden. Evolutionsbiologisch ist das Dilemma leicht zu erklären. Wer Teil einer Gruppe ist, lebt länger. Wer in der Urzeit aus einem Gruppenverband ausgegrenzt wurde, hatte schlicht nicht überlebt. Heute, im 21. Jahrhundert, ist das nicht mehr so dramatisch. Wir können uns in der Regel frei entscheiden, wem oder was wir uns anpassen wollen. Aber unser Urzeitprogramm steuert uns nach wie vor. Unbewusst wollen wir immer zu einer Gruppe dazugehören und laufen deshalb Gefahr, uns mit den *falschen* Menschen zu verbinden.

Es lohnt sich, bewusst darauf zu achten, mit wem wir uns verbunden fühlen, zu prüfen, wie wir unser Denken und Verhalten anpassen und wie frei bzw. abhängig sich das anfühlt. So können wir mit der Zeit lernen, uns bewusst für oder gegen eine Anpassung zu entscheiden.

7. Alltagsübung: Mit wem fühlen Sie sich verbunden und frei?

Gibt es Menschen in Ihrem Leben, mit denen Sie sich verbunden und bei denen Sie sich gleichzeitig frei fühlen? Menschen, die Sie unterstützen und Sie gleichzeitig so sein lassen, wie Sie sind? Wie fühlen Sie sich, während Sie an so einen Menschen denken?

Anpassung kann Begeisterung fehlleiten. Passen wir uns jemandem an, mit dem wir uns zwar verbunden fühlen, von dem wir gleichzeitig jedoch abhängig sind, machen wir Dinge, die uns aus uns selbst heraus nichts bedeuten. Damit unsere Begeisterung eine Chance hat, müssen wir uns mit Menschen gleichzeitig verbunden und frei fühlen. 30

2.4 Angst

Jeder Mensch kennt das Gefühl der Unsicherheit und Angst. Angst ist ein überlebensnotwendiges Gefühl, das uns vor Gefahren warnt und vor Risiken schützt. Aber Angst kann Begeisterung blockieren, denn bei Angst führt unser Hirn automatisch ein Notfallprogramm aus, bei dem alles, was nicht dem unmittelbaren Überleben dient, in den Hintergrund tritt.

Im Griff der Angst

Erinnern Sie sich an eine Situation, in der Sie Angst hatten? Gab es in dieser Situation etwas Bedeutsameres für Sie, als den Grund für diese Angst loszuwerden?
Sobald wir uns verunsichert, ängstlich und damit bedroht fühlen, können wir keine komplexen, handlungsleitenden Hirnmuster mehr abrufen. Stattdessen wird automatisch ein vom Hirnstamm gesteuertes Überlebensprogramm ausgeführt. Dabei schießt die Nebennierenrinde Stresshormone (Adrenalin und Cortisol)

ins Blut. Anders als das Zauberelixier der Begeisterung verhindern diese Hormone, dass wir an etwas anderes denken als ans Überleben. Es geht nur noch um Angriff, Flucht oder Erstarren.

Wenn Existenzsorgen und Leistungsdruck uns Angst machen und die letzte Energie aus uns herausquetschen, ist es schwer, sich aus sich selbst heraus für etwas zu begeistern, das uns wirklich interessiert und das uns etwas bedeutet. Teilweise sind solche Lebensbedingungen fremdgesteuert. Wir haben wenig Einfluss auf die Euro-, Banken- oder Finanzkrisen. Auch unsere Einfluss- und Gestaltungsmöglichkeiten auf das Bildungs-, Renten- oder Sozialsystem sind begrenzt.

Ein anderer Teil unserer Lebensbedingungen ist jedoch selbst gemacht und auf diesen haben wir Einfluss. Wie wir täglich leben, wo und was wir arbeiten, mit wem wir uns in unserer Freizeit treffen und wie viel Geld wir wofür ausgeben, all das schreibt uns hierzulande niemand vor. Hier und in vielen anderen Bereichen liegen unsere Spielräume, die wir selbst gestalten und in denen wir uns mit Begeisterung frei bewegen können.

Es lohnt sich, bewusst darauf zu achten, welche Angstauslöser fremdgesteuert und welche selbst gemacht sind, und zu prüfen, inwiefern unsere Angst uns dabei blockiert, das zu machen, was wir mit Begeisterung machen würden. So können wir mehr und mehr lernen, uns bewusst für oder gegen einen selbst gemachten Angstauslöser zu entscheiden.

8. Alltagsübung: Wann haben Sie sich frei von Angst gefühlt?
Überlegen Sie einmal, wann Sie sich das letzte Mal vollkommen frei von Angst gefühlt haben. Erinnern Sie sich an einen Zustand, in dem Sie sich frei von Existenzsorgen und Leistungsdruck gefühlt haben. Wann und wo war das? Was haben Sie gemacht? Und wie würden Sie das Gefühl dabei beschreiben?

Unser Alltag besteht oft aus Routinen, Pflichten, 30
Anpassung und Angst (vor Bedrohlichem), und oft haben alle diese Punkte einen Sinn für eine gute Lebensbewältigung. Allerdings nagen sie auch an unserer Begeisterung, denn Begeisterung braucht Spielraum für Neues. Um ihr Verschwinden zu stoppen, ist die folgende Strategie hilfreich:

- ***Hinterfragen Sie Ihre Alltagsroutinen: Wann haben Sie genug Energie, um Routinen zu durchbrechen?***
- ***Hinterfragen Sie Ihre Alltagspflichten: Welche Pflichten haben etwas mit dem zu tun, was Ihnen wichtig ist?***
- ***Hinterfragen Sie, wem Sie sich anpassen: Bei welchen dieser Anpassungsprozesse fühlen Sie sich gleichzeitig verbunden und frei?***
- ***Hinterfragen Sie Ihre Ängste: Welche Ängste blockieren Sie dabei, das zu machen, was Sie begeistern würde?***

30 MINUTEN

Wie schaffen Sie mehr Spielraum für Begeisterung?

Seite 48

Wie können Sie die Angst verlieren, etwas Neues auszuprobieren?

Seite 52

Welche Rolle spielen Ihre Gefühle dabei, das zu erkennen, was Ihnen wirklich wichtig ist?

Seite 63

3. Begeisterung wiederentdecken

Wir Menschen verfügen zeitlebens über das Potenzial, uns für etwas zu begeistern. Dafür brauchen wir jedoch Spielräume, um neben unseren Alltagsroutinen und -pflichten die vielen Möglichkeiten zu nutzen, etwas Neues auszuprobieren und dabei bislang Unbekanntes zu entdecken. Um dabei unsere Begeisterung wiederzuentdecken, ist es wichtig, dass uns die Dinge, die wir ausprobieren, etwas bedeuten. Außerdem ist es sehr hilfreich, wenn wir die richtige Mischung zwischen Funktionieren und Ausprobieren, Anpassen und Gestalten und zwischen Angst und Mut finden. Dann können wir bereits kurzfristig, Tag für Tag und Stück für Stück, ein wenig Begeisterung wiederentdecken.

3.1 Spielräume schaffen

Natürlich müssen wir alle unsere Existenz sichern. Wer hungrig oder durstig ist, wer friert oder nicht weiß, wie er die Familie ernähren soll, wird selten darüber nachdenken, ob ihn das Leben begeistert. Wie kommen wir aus dem Dilemma raus, dass wir zur Sicherung unserer Existenz Pflichten erfüllen, Routinen entwickeln und uns anpassen müssen, dass jedoch genau dieses Verhalten an unserer Begeisterung nagen kann? Es gibt eine Antwort: Begeisterung braucht Spielräume aus Zeit und Energie, und die können Sie sich schaffen.

Begeisterung braucht Zeit

Zunächst ist es ganz einfach eine Frage der Zeit und die Frage danach, wofür wir diese Zeit verwenden. Der Tag hat 24 Stunden. Wer davon acht Stunden schläft, zehn Stunden mit Arbeit und vier Stunden mit der Familie, dem Essen und den alltäglichen Pflichten wie einkaufen, aufräumen und putzen verbringt und in seiner Freizeit weitere zwei Stunden am Rechner, Smartphone oder Fernseher sitzt, hat seinen Tag verbraucht. Wenn bei diesen Tätigkeiten wenig oder nichts dabei ist, was uns aus uns selbst heraus interessiert oder sogar begeistert, sollten wir ein wenig Zeit freischaufeln, um neuen Spielraum für Begeisterung zu schaffen.
Selbstverständlich wäre es auch möglich, sein ganzes Arbeits- und Privatleben auf den Kopf zu stellen und gleich radikal zu verändern, nur noch das zu tun, was

wir schon immer tun wollten, und endlich unsere Träume zu leben. Aber das ist den meisten Menschen nicht möglich und glücklicherweise auch gar nicht nötig, um seine Begeisterung im Alltag wiederzufinden. Mit ein wenig Zeit für Muße, Zeit, in der Sie ohne Pflichten und ohne funktionieren zu müssen einfach etwas tun, das keinem Zweck folgt, werden Sie schnell ein kleines Gefühl der Begeisterung zurückgewinnen.

Probieren Sie dazu einmal die 15-Minuten-Methode aus. Schaufeln Sie sich 15 Minuten Zeit pro Tag frei. Überlegen Sie, woher Sie diese Viertelstunde nehmen, ob Sie vielleicht weniger fernsehen, weniger Zeit am Rechner verbringen oder in den Haushalt stecken. Machen Sie in diesem kleinen Spielraum etwas oder auch nichts, das auf jeden Fall keine Funktion erfüllen muss. Schauen Sie zum Fenster hinaus oder schließen Sie die Augen. Gehen Sie 15 Minuten im Freien spazieren oder hören Sie Ihre Lieblingsmusik. Legen Sie sich wie eine Eidechse in die Sonne oder hüpfen Sie einfach auf der Stelle wie ein Hüpfball.

Zu Beginn wird es gar nicht so einfach für Sie sein, etwas zu tun, das keinem Zweck folgt, bzw. etwas zu lassen, das einem Zweck folgt. Wir sind es einfach zu sehr gewohnt, aktiv zu sein und uns ständig zu optimieren. Probieren Sie es dennoch einmal aus. Nehmen Sie sich dieses kleine Kuchenstück an Zeit, geben Sie sich dadurch selbst die Chance, wiederzuerkennen, was Ihnen etwas bedeutet, und kommen Sie so auf den Geschmack der Begeisterung – und mit der Zeit vielleicht sogar dazu, mehr davon zu wollen und zu realisieren.

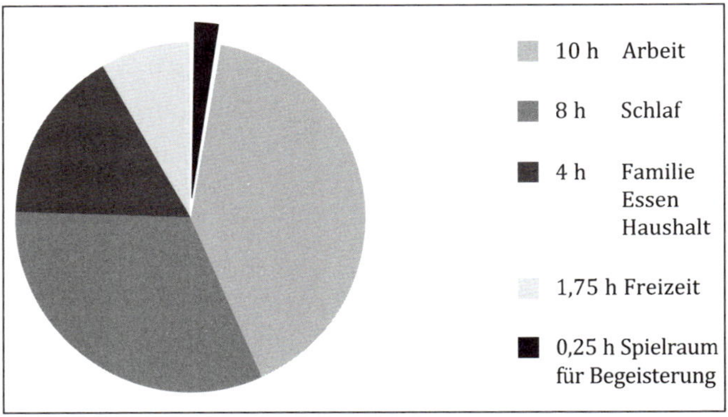

Abb. 3: Begeisterung braucht Zeit – fangen Sie mit einer Viertelstunde am Tag an

Begeisterung braucht Energie

Wer kennt das nicht? Den ganzen Tag freuen wir uns auf den spannenden Roman, der uns begeistert und den wir abends bei einem guten Glas Rotwein oder einer Tasse Tee lesen wollen. Nach einem anstrengenden Arbeitstag zu Hause angekommen, schlagen wir das Buch auf und nach der zweiten Seite die Augen zu. Die Energie ist aufgebraucht, die Begeisterung für den Roman hat keine Chance.

Wenn uns unser Alltag so viel Energie abverlangt, dass wir, müde von der Arbeit und den anderen Pflichten, nicht mehr auch die Dinge verfolgen können, die uns aus uns selbst heraus interessieren, sollten wir ein wenig Energie tanken, um neuen Spielraum für Begeisterung zu schaffen. Dazu ist es nützlich, seine Energietankstellen, aber auch seine größten Energiefresser zu kennen. Lassen Sie sich einmal durch die folgende Aufstellung inspirieren. Kreuzen Sie die Punkte an, die für Sie aktuell relevant sind und bei denen Sie Handlungsspielraum sehen. Ergänzen Sie die Tabelle, wenn Ihnen weitere Punkte einfallen, die nicht aufgelistet sind.

Mögliche Energietankstellen	Mögliche Energiefresser
☐ Erholsamer Schlaf ☐ Alltagsbewegung ☐ Nahrhaftes Essen ☐ Freizeitausgleich ☐ Familiäres Umfeld ☐ Partner und Freunde ☐ Meditation und Achtsamkeit ☐ Weiterbildung ☐ Supervision oder Coaching ☐ Glaube ☐ Zuversicht und Zutrauen ☐ ____________	☐ Zu viel Alkohol ☐ Zu viel Nikotin ☐ Zu wenig Schlaf ☐ Zu wenig Bewegung ☐ Schlechte Ernährung ☐ Streit in der Familie ☐ Ärger im Büro ☐ Feinde ☐ Körperliche Verspannungen ☐ Sorgen ☐ Unsicherheit und Ängste ☐ ____________

Um mehr Energie für Begeisterung zu bekommen, ist es sinnvoll, Energiefresser bewusst zu vermeiden bzw. zu bearbeiten und regelmäßig Energietankstellen anzusteuern.

9. Alltagsübung: Wie viel Zeit wollen Sie sich für sich nehmen?
Überlegen Sie einmal, wofür Sie Ihre Zeit verwenden. Probieren Sie einmal aus, wie es sich anfühlt,

heute schon für 15 Minuten etwas zu tun oder auch nichts zu tun, ohne dass damit eine Pflicht verbunden ist. Wie fühlen Sie sich dabei?

30 *Um unseren Routinen und Pflichten zu entfliehen und dadurch der Begeisterung eine Chance in unserem Alltag zu geben, brauchen wir Spielräume aus Zeit und Energie. 15 Minuten täglich nur für sich, ohne funktionieren zu müssen, genügen, um einen kleinen Gefühlssturm der Begeisterung zu entfachen. Suchen Sie zudem regelmäßig Ihre Energietankstellen auf und vermeiden Sie die größten Energiefresser.*

3.2 Neues ausprobieren

Wer sich im Meer der Alltagsroutine und Pflichterfüllung eine kleine 15-Minuten-Insel aus Zeit und Energie zurückerobert hat, kann langsam wieder die Lust darauf verspüren, Neues auszuprobieren, zu entdecken und zu gestalten. Aber wie kommen wir aus dem Dilemma heraus, dass wir, um Neues auszuprobieren, unser gewohntes Terrain verlassen müssen und uns das erfahrungsgemäß verunsichert? Wie wir wissen, blockiert Angst die Begeisterung, und das ist das Dilemma. Doch es gibt eine Lösung. Sie lautet: Begeisterung braucht den kleinen Unterschied und ein wenig Mut.

Begeisterung braucht den Unterschied

Je älter wir werden, desto weniger unterscheiden wir zwischen dem, was uns wichtig bzw. unwichtig ist. Ein Tag verläuft oft wie der andere, wir richten uns mehr und mehr ein in unseren Routinen, finden uns gut zurecht und funktionieren. Der Montag unterscheidet sich kaum vom Dienstag, vom Mittwoch und von den anderen Tagen der Woche. Zwischen Aufwachen und Frühstück überlegen wir, welche Pflichten wir *heute* erfüllen müssen, und alles erscheint uns gleichermaßen wichtig oder unwichtig.

So reizlos das klingen mag, genau hier liegt Ihre Chance, die Begeisterung im Alltag wiederzuentdecken. Schaffen Sie einen Unterschied zu Ihrem Alltag, das heißt zu dem, was Sie alltäglich über die Dinge denken und wie Sie sich alltäglich verhalten. Dabei geht es nicht darum, sprichwörtlich das Rad neu zu erfinden, zu kündigen, alles hinzuschmeißen und mit dem Rucksack zum Beispiel durch Südamerika zu reisen – wobei Sie natürlich auch das machen können, wenn Sie die Möglichkeiten und den Mut dazu haben. Es geht schlicht darum, mit neuen Gedanken und neuen Verhaltensweisen kleine Unterschiede zu schaffen. Probieren Sie dazu einmal die So-aber-auch-anders-Methode aus:

- Überlegen Sie, bei welchen Gedanken oder Verhaltensweisen Sie ohne große Anstrengung und ohne großes Risiko einen kleinen Unterschied ausprobieren wollen. Vielleicht ist es die Art, wie Sie Ihre Suppe essen oder wie Sie über jemanden nachdenken.

- Sobald Sie sich dabei ertappen, zum Beispiel Ihre Suppe *so* zu essen, wie Sie sie immer essen, oder über Ihren Kollegen *so* zu denken, wie Sie immer über ihn denken, können Sie leise zu sich selbst sagen: „Aha, ich denke/mache das gerade wieder so, aber anders könnte ich auch."
- Probieren Sie dann einmal, einen anderen/den neuen Gedanken oder eine andere/die neue Verhaltensweise aus. Lassen Sie sich jedoch immer die Freiheit, den neuen Gedanken nicht denken zu müssen und die neue Verhaltensweise nicht ausführen zu müssen. Sie könnten, Sie müssen aber nicht!

Einen Unterschied zu schaffen kann auch bedeuten, dass Sie etwas, das Sie immer genau *so* machen, einmal später machen oder vielleicht sogar einfach einmal sein lassen. Nehmen Sie sich dieses Stückchen Freiheit für Ihre Begeisterung.

Begeisterung braucht Mut

Neue Gedanken zu denken und neue Verhaltensweisen auszuprobieren braucht Mut. Denn sobald wir unser gewohntes Terrain verlassen und uns nicht mehr so gut oder gar nicht mehr auskennen, werden wir unsicher und ängstlich.

Sobald wir Neues ausprobieren, arbeiten zwei neuronale Systeme gegeneinander: Das vom Hirnstamm gesteuerte Notfallprogramm kämpft mit dem in höheren Hirnregionen liegenden Begeisterungsmechanismus.

Ist der Unterschied, den wir ausprobieren wollen, so groß, dass wir mehr *Angst davor* als *Lust darauf* haben, es zu versuchen, wird das Notfallprogramm aktiviert und der Begeisterungsmechanismus lahmgelegt. Erfahrungsgemäß lassen wir es dann ganz schnell sein, das Neue auszuprobieren, und verharren in unseren sicheren, wenn auch reizlosen Routinen.

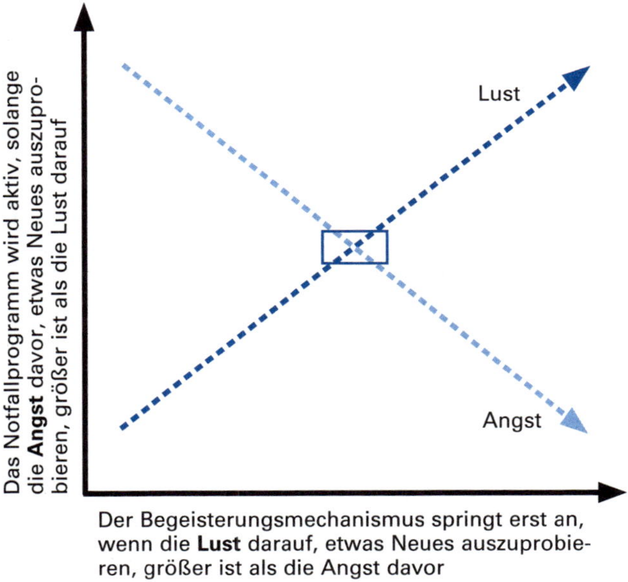

Abb. 4: Kritisches Feld: Beim Ausprobieren sollte das Verhältnis zwischen Lust und Angst stimmen

Damit Ihnen das nicht passiert, können Sie drei Dinge beachten:

- Lassen Sie sich von der Lust leiten, wenn Sie einen kleinen Unterschied ausprobieren wollen. Schauen Sie, was Ihnen mehr Spaß als Angst machen würde. Etwa im Zug den Sitznachbarn einmal zu grüßen, was Sie normalerweise niemals machen würden, obwohl Sie dazu eigentlich schon Lust hätten.
- Rufen Sie sich positive Erfahrungen in Erinnerung, die Sie in der Vergangenheit beim Ausprobieren neuer Dinge bereits sammeln konnten. Vielleicht haben Sie neulich im Job eine neue Aufgabe übernommen, vor der Sie zwar gehörigen Respekt hatten, die Sie aber gereizt hat und deren Bearbeitung Ihnen dann gut gelungen ist.
- Sprechen Sie sich selbst ein wenig Mut zu, bevor und während Sie etwas Neues ausprobieren, zum Beispiel mit den Worten: „Oh, darauf freue ich mich. Das ist zwar neu, aber ich schaff' das, und da kann ja auch gar nichts passieren."

10. Alltagsübung: Welche Kleinigkeit wollen Sie neu ausprobieren?
Überlegen Sie einmal, was von dem, das Sie denken und machen, Sie heute einmal ein klein wenig anders denken oder machen wollen. Worin wollen Sie sich heute einmal neu ausprobieren und damit einen kleinen Unterschied zu Ihrem Alltag schaffen? Vielleicht nehmen Sie einmal einen anderen Weg zur Arbeit oder Sie schauen Ihren Partner einmal mit anderen Augen an. Was fühlen Sie dabei?

Um der Begeisterung eine Chance zu geben, müssen wir unser Entdeckerbedürfnis befriedigen und Neues ausprobieren. Das gelingt uns, wenn wir in unserem Denken und Handeln kleine Unterschiede zum Alltäglichen schaffen, das heißt etwas anders machen oder denken bzw. etwas anderes machen oder denken als üblich. Da wir dabei unser gewohntes Terrain verlassen, brauchen wir ein wenig Mut und eine Strategie: Die Lust auf das Neue muss größer sein als die Angst davor. Andernfalls springt unser vom Hirnstamm gesteuertes Notfallprogramm an, blockiert unseren Begeisterungsmechanismus und wir verharren in unseren reizlosen Routinen.

3.3 Wichtiges erkennen

Nur die Dinge, die für uns oder für einen Menschen, der uns etwas bedeutet, wichtig sind, können uns begeistern. Nur diese Dinge setzen unseren neuronalen Begeisterungsmechanismus in Gang. Wenn wir unsere Begeisterung wiederentdecken wollen, kommen wir deshalb nicht umhin, uns zwei zentrale Fragen zu beantworten: Was ist mir wichtig? Und: Wer ist mir wichtig? Eine Antwort auf diese Fragen zu finden ist gar nicht so einfach, denn sobald unsere Existenz gesichert ist, gibt es ein unglaublich großes Spektrum dessen, was und wen wir für wichtig und bedeutsam halten können. Im Meer der unerschöpflichen Möglichkeiten haben wir jedoch zwei Navigationspunkte: unsere Vorbilder und unsere Lust.

Begeisterung braucht Vorbilder

Unsere Vorstellungen darüber, was uns wichtig ist und wer für uns wichtig ist, bilden sich bereits recht früh im Leben. Besonders in den ersten fünf bis sieben Lebensjahren übernehmen wir viele Vorstellungen von unseren Eltern und nahen Bezugspersonen. In dieser Lebensphase sind das die wichtigsten Menschen für uns, denn sie sichern unsere existenzielle Versorgung. Deshalb nehmen wir sie uns mit allen ihren Denk- und Verhaltensweisen zum Vorbild. Wenn wir älter werden, lernen wir viele weitere Menschen kennen, darunter Schulfreunde und Lehrer, Arbeitskollegen und Chefs, Liebespartner und auch so manche Zufallsbekanntschaft. Und je nachdem, wie bedeutsam die einzelnen Personen für uns werden, nehmen wir uns auch sie und ihre Einstellungen und Überzeugungen zum Vorbild.

Aus allem, was wir bei den Menschen, die uns etwas bedeuten, wahrnehmen und aufnehmen, versuchen wir etwas Eigenes, für unser Leben Brauchbares zu machen. Und so bilden wir uns im Laufe der Zeit unsere eigenen Vorstellungen darüber, was für uns wichtig ist und was nicht, und können so das Feuerwerk der Begeisterung in uns auslösen. Wie wir bereits gesehen haben, verschwimmen aber im Laufe des Älterwerdens die Konturen dessen, was und wer für uns wichtig ist.

Zwar wissen wir eigentlich ganz genau, was es ist, aber irgendwie haben wir verlernt, darauf zu achten.
Das können Sie hier und heute ändern. Notieren Sie dazu einige Stichworte auf die Fragen, wer für Sie wichtig ist, warum Ihnen derjenige etwas bedeutet und welche Denk- und Verhaltensweisen Sie von diesem Menschen als *eigene* Vorstellung übernommen haben. Notieren Sie die Namen von mindestens drei Personen. Wenn Sie Lust haben, können Sie die Tabelle natürlich auch erweitern.

Vorbilder		
Wer ist für mich wichtig?	**Warum bedeutet mir derjenige etwas?**	**Welche Denk- und Verhaltensmuster habe ich übernommen?**
z.B. ein guter, alter Schulfreund	z.B. ich kenne ihn schon sehr lange und er ist immer ehrlich zu mir	z.B. Respekt und Fairness im Umgang mit Menschen, aber auch Sport treiben

Vorbilder, durch die wir entdecken, was für uns wichtig werden kann, sind für unsere Begeisterung unerlässlich. Menschen, deren Einstellungen und Überzeugungen niemandem schaden, können eine positive, inspirierende Kraft auf uns ausüben. Es gibt aber auch gefährliche Vorbilder, die lediglich ihren eigenen Vorteil im Sinn haben. Die Kunst ist es, die positiven von den negativen Vorbildern zu unterscheiden und sich bewusst dafür oder dagegen zu entscheiden, eine fremde Denk- oder Verhaltensweise eines Menschen in unserem Umfeld zu einer *eigenen Vorstellung* werden zu lassen.

Begeisterung braucht Lust

Was machen Sie gern? Nach Abzug aller Pflichten, aller Nöte, Sorgen und Ängste, was ist es, das Sie am allerliebsten mit Lust und Leidenschaft machen (würden)?
Allein der Gedanke daran, das zu machen, was wir schon immer machen wollten, ohne Beschränkung und ohne Grenzen dem nachzugehen, was uns Lust bereitet, löst bei den meisten Menschen ein gutes Gefühl aus, und das ist es, was unseren Begeisterungsmechanismus in Gang setzen kann. Unterscheiden müssen wir dabei nur zwischen der schnellen Begeisterung durch Konsum und der nachhaltigen Begeisterung. Beide bereiten uns Lust, aber es gibt einen zentralen Unterschied.
Der Gedanke daran, sich etwas Schönes zu kaufen, oder die Vorfreude auf ein gutes Abendessen kann uns eben-

so schnell begeistern wie ein Mensch, dem wir begegnen und der uns etwas Tolles verspricht. Da wir in unserem Alltag viele Pflichten zu erfüllen haben, oft angestrengt sind und wenig Zeit und Energie übrig haben, lassen wir uns gern schnell begeistern. Etwas kaufen oder essen, einen Film schauen oder im Netz surfen löst bei den meisten Menschen ein schnelles Belohnungsgefühl und einen Begeisterungsblitz aus. Und das ist absolut okay, solange man weiß, dass das Glücksgefühl nicht allzu lange anhält, da sich Begeisterung durch Befriedigung von Begierden selbst verbraucht. Wahrscheinlich kennen auch Sie das begeisternde Glücksgefühl der Vorfreude darauf, etwas zu kaufen, das Sie schon lange kaufen wollen, die Begeisterung beim *Kaufakt* und die Freude, *es zu besitzen*, die aber oft ganz schnell vergeht, wenn man es dann endlich hat.

Anders verhält es sich mit der nachhaltigen Begeisterung, die nur durch die Befriedigung unserer Grundbedürfnisse nach Bindung und Erkundung entsteht. Wenn wir einen (Lebens-)Partner oder ein (Lebens-)Thema, eine Idee, eine Tätigkeit oder ein Ziel finden, das uns aus uns selbst heraus, aus unseren Erfahrungen, die wir im Laufe des Lebens gesammelt haben, interessiert, dann haben wir die Chance, unsere Begeisterung ein Leben lang wachzuhalten. Denn diese Begeisterung verbraucht sich nicht, sondern vermehrt sich, je mehr wir ihr nachgehen. Doch mehr dazu später, im vierten Kapitel *Begeisterung wachhalten*. Zunächst können Sie einmal die folgenden vier Fragen beantworten:

- Wie oft belohnen Sie sich für die Strapazen des Alltags mit einer schnellen Begeisterung durch Konsum?
- Wie lange hält das Glücksgefühl der schnellen Begeisterung jeweils an?
- Wie nachhaltig werden Sie dadurch glücklicher und in irgendetwas besser oder erfolgreicher?
- Dient die schnelle Begeisterung einer nachhaltigen Begeisterung, um beispielsweise eine Durststrecke zu überwinden?

Erfahrungsgemäß hat das, worauf Sie Lust haben, was Sie wirklich begeistert (bzw. begeistern würde) viel mit Ihren Vorbildern zu tun. Menschen, die etwa leidenschaftlich gern schreiben (würden), haben oft einen oder mehrere Lieblingsautoren, die sie bewundern. Überlegen Sie einmal, ob das bei Ihnen auch der Fall ist.

11. Alltagsübung: Wen bewundern Sie, warum und für was?
Überlegen Sie einmal, welche Menschen aus Ihrem Umfeld oder aus der Öffentlichkeit Sie bewundern. Wer hat Sie in letzter Zeit beeindruckt und was genau hat Sie beeindruckt? Haben Sie auch eine Idee davon, warum Sie diese Person beeindruckt? Wie fühlen Sie sich, wenn Sie an diesen Menschen denken?

30 *Dinge, die für uns oder für einen Menschen, der uns etwas bedeutet, wichtig sind, können uns begeistern. Diese Dinge setzen das Zauberelixier der*

Begeisterung in unserem Hirn frei. Um eine Antwort auf die Frage zu finden, was und wer für uns wichtig ist, können wir uns bewusst machen, welche Menschen wir uns zum Vorbild nehmen und welche Denk- und Verhaltensweisen dieser Vorbilder wir übernehmen. Außerdem können wir danach schauen, was uns Lust bereitet, und dabei unterscheiden, ob es sich um eine schnelle oder eine nachhaltige Lust handelt.

3.4 Gefühle ernst nehmen

Alles, was wir tun oder lassen, und alles, was wir erleben oder auch nicht erleben, verursacht in uns ein Gefühl. Erleben oder machen wir etwas, das uns gefällt, springt unser Begeisterungsmechanismus an und wir fühlen uns gut. Wenn wir hingegen etwas machen oder erleben (müssen), das uns belastet, ängstigt oder einfach keinen Spaß macht, wird das Notfallprogramm aktiviert und wir fühlen uns schlecht. Um unsere Begeisterung wiederzuentdecken, lohnt es sich, bei dem, was wir machen und erleben, einmal bewusst darauf zu achten, wie wir uns fühlen, und dieses Gefühl ernst zu nehmen.

Begeisterung braucht Achtsamkeit

Gefühle funktionieren schnell und stark, viel schneller und stärker als unser Verstand. Das konnte mittlerweile in unzähligen neurobiologischen Untersuchungen nachgewiesen werden. Noch bevor wir den bewussten Gedanken formulieren können, ob uns etwas Lust oder Unlust bereitet, haben wir zu dem, über das wir jetzt nachdenken, ein Gefühl entwickelt. Denn immer wenn wir etwas machen oder eine Situation erleben, wird in unserem Gehirn ein rasend schneller Vergleichsprozess gestartet: „Habe ich das schon einmal gemacht oder kenne ich die Situation – und welches Gefühl habe ich dazu in meinem Erfahrungsgedächtnis gespeichert: Ist es riskant oder nicht? Strengt es mich an oder nicht? Macht es mir Spaß oder nicht?"

Wenn wir ein gutes Gefühl abgespeichert haben, streben wir die Situation an. Haben wir hingegen ein schlechtes Gefühl gespeichert, wollen wir die Situation vermeiden. Ist das nicht möglich, ertragen wir sie eben, sind jedoch wenig begeistert.

Um die Situationen, die uns begeistern, überhaupt wiederzuerkennen und uns bei dem, was uns schlechte Gefühle bereitet, zumindest bewusst entscheiden zu können, ob wir das so machen oder erleben müssen und wollen, lohnt sich ein wenig Achtsamkeit für unsere Gefühle.

Achtsamkeitsübung

Achten Sie in den nächsten Tagen einmal bewusst darauf, was Sie wann und wie machen und welche Gefühle dies in Ihnen auslöst. Nutzen Sie dazu die 3-A-Methode. Das erste „A" steht für Achtsamkeit: Konzentrieren Sie sich bei dem, was Sie machen, darauf, was Sie fühlen.

Das zweite „A“ steht für Ablenkung: Sich auf seine Gefühle zu konzentrieren, ist erfahrungsgemäß gar nicht so einfach. Ablenkungen machen uns unachtsam und lassen uns oft abschweifen, und das kann und darf vorkommen. Denn achtsam zu sein heißt nicht, sich nicht ablenken zu lassen, sondern dies zu registrieren, wenn es vorkommt, und dann, das ist das dritte „A“, bewusst seine Aufmerksamkeit wieder neu auszurichten.

Auf seine Gefühle zu achten bedeutet nicht, auf eine bestimmte Art zu fühlen. Die Gefühle werden nicht gesteuert, vielmehr lassen Sie die Gefühle fließen, ohne dass Sie irgendetwas dazu beitragen müssten. Denn die Gefühle sind sowieso da und sie sind vor Ihren Gedanken da, müssen also nicht bewusst produziert oder gesteuert werden. Alles, was Sie tun, ist, die Aufmerksamkeit gezielt auf Ihre Gefühle zu lenken, Ihre Gefühle wahrzunehmen und immer dann, wenn Sie feststellen, dass Sie abgeschweift sind, die Aufmerksamkeit sanft wieder zu den Gefühlen zurückzuführen. Dabei ist es hilfreich, sich auf einzelne Körpersignale zu konzentrieren, denn unsere Gefühle drücken sich unmittelbar in unseren körperlichen Reaktionsmustern aus. Auch das haben die neueren Ergebnisse der Hirnforschung und psychologischen Forschung, zum Beispiel von Maja Storch, gezeigt. Achten Sie einmal auf die folgenden zwei Dinge:

- **Körperhaltung:** Wie sieht Ihre Körperhaltung aus, während Sie sich gut oder schlecht fühlen? Eine entspannte, aufrechte Körperhaltung und lockere Gesichtszüge sind Signale für angenehme Gefühle.

- **Atmung:** Unter Belastung, Anspannung, Stress, Sorgen und Ängsten flacht die Atmung ab. Eine flache und kurze Atmung ist ein Signal für unangenehme Gefühle.

Besonders die Konzentration auf die Atmung kann eine große Hilfe sein, während Sie Ihre Gefühle bewusst wahrnehmen lernen. Denn beim Atmen verhält es sich wie beim Fühlen. Wir müssen auch unseren Atem nicht bewusst steuern. Egal, wo wir sind und was wir tun, unseren Atem haben wir immer bei uns und auch er fließt, unabhängig von dem, was wir denken, wie unsere Gefühle. Wir können weder unseren Atem bewusst abstellen noch unsere Gefühle, so lange, bis wir tot sind.

Um unsere Begeisterung wiederzuentdecken, ist es sehr hilfreich, angenehme und unangenehme Gefühle wahrzunehmen, ernst zu nehmen und zu schauen, was wir an den Auslösern unangenehmer Gefühle ändern können und wollen. So lernen wir nach und nach, uns für die angenehmen Gefühle zu entscheiden. Damit wird es Ihnen leichter fallen, die Begeisterung in Ihrem Leben wiederzuentdecken. Probieren Sie es einmal aus.

12. Alltagsübung: Wie fühlen Sie sich jetzt gerade?
Schließen Sie die Augen und atmen Sie zehn Mal ganz ruhig und tief ein und aus. Lassen Sie Ihren Atem fließen und mit ihm auch Ihre Gefühle. Lenken Sie Ihre Aufmerksamkeit ganz und gar auf Ihren

Atem und auf Ihre Gefühle. Welche Gefühle nehmen Sie wahr? Notieren Sie, welche Erfahrungen Sie beim Üben machen?

Unsere Gefühle sind ganz schön schlau, und wenn wir schlau sind, achten wir auf das, was wir in 30
verschiedenen Situationen fühlen. Über das Fühlen können wir die Begeisterung am schnellsten wiederentdecken. Dazu ist die folgende Strategie hilfreich:

- ***Schaffen Sie sich kleine Spielräume aus Zeit und Energie, um darin der Routine und den Pflichten zu entfliehen. 15 Minuten täglich reichen aus.***
- ***Probieren Sie neue Denk- und Verhaltensweisen aus, die einen kleinen Unterschied spürbar machen und auf die Sie mehr Lust haben, als Angst vor ihnen zu verspüren.***
- ***Überlegen Sie, von welchen Vorbildern Sie sich positiv inspirieren lassen und vor welchen negativen Vorbildern Sie sich in Acht nehmen wollen.***
- ***Achten Sie bei allem, was Sie tun oder lassen, bewusst auf das, was Sie fühlen, und sammeln Sie viele kleine gute Gefühle. Dadurch kann große Begeisterung entstehen.***

30 MINUTEN

4. Begeisterung wachhalten

Es gibt unsichere Zeiten, in denen es für uns nichts Bedeutsameres gibt, als unsere Existenz zu sichern. Und es gibt sichere Zeiten, in denen uns nichts mehr langweilt als ebendiese durch Alltagsroutine, Pflichterfüllung und Anpassung erkaufte sichere Existenz. Um unsere Begeisterungsfähigkeit zwischen Arbeit, Einkauf, Wohnungsputz und Kindererziehung ein Leben lang wachzuhalten, müssen wir verstehen, dass jede neue Erfahrung alt wird und wir immer wieder „Erste Male" brauchen. Unsere Sehnsucht können wir bei diesem Ausprobieren als Kompass nutzen, der uns das zeigt, was uns wirklich wichtig ist. Da uns Menschen alles, was neu ist, erst einmal verunsichert und anstrengt, brauchen wir eine gute Strategie, wie wir dem Neuen auch wirklich nachgehen können. Hier hilft die Kraft der Gedanken, um den Weg der Begeisterung in unser Leben zu integrieren.

4.1 Mit Kinderaugen sehen

Ab einem gewissen Alter sind wir keine Kinder mehr, und das ist auch gut so. Dann sind wir selbst für unser Leben verantwortlich und können unsere Lebenswelt mit erwachsenen Augen neu entdecken und frei gestalten. Dann haben wir die Chance, die Dinge zu denken, zu fühlen und zu tun, die uns wirklich etwas bedeuten. Wir müssen diese Chance nur wahrnehmen. Leider machen wir das im Erwachsenenalter viel zu selten. Uns fehlt die kindliche Unbekümmertheit, uns nicht darum zu sorgen, was andere sagen, und die Furchtlosigkeit davor, das, was wir erreicht haben, wieder verlieren zu können.

Die Kraft der „Ersten Male"

Mit Kinderaugen zu sehen hat viel damit zu tun, etwas zum ersten Mal zu machen, denn Kinder erleben und machen viele Dinge zum ersten Mal. Je älter wir werden, desto mehr „Erste Male" haben wir hinter uns und desto weniger „Erste Male" scheinen wir noch vor uns zu haben. Wann haben Sie das letzte Mal etwas für Sie Bedeutsames zum ersten Mal gemacht? Wann haben Sie zum letzten Mal etwas gemacht, das Sie noch nie zuvor gemacht haben?

Etwas zu tun, das wir noch nie getan haben, begeistert unser Gehirn, weil es etwas Neues lernt, und dafür ist es gemacht. An unsere „Ersten Male" können wir uns deshalb häufig noch nach vielen Jahren erinnern: die erste große Liebe, das erste eigene Auto, die erste Fernreise oder unser erster Arbeitstag im neuen Job. Daran merken wir, wie tief die Erfahrung eines „Ersten Mals" geht. Alles, was wir hingegen schon immer tun und schon immer genau *so* tun, unterfordert unser Gehirn. Daran erinnern wir uns nicht. Wenn wir die Begeisterung ein Leben lang wachhalten wollen, können wir uns vornehmen, in gewissen Abständen etwas für uns Bedeutsames, das wir noch nie gedacht oder gemacht haben, zum ersten Mal zu machen oder zu denken. Dabei ist es hilfreich, die folgenden Punkte zu beachten:

- Sie sollten sich auf das „Erste Mal" freuen, und es sollte Ihnen etwas bedeuten, z.B. eine Nachtwanderung oder ein Theaterbesuch, einen neuen Kuchen zu backen oder einmal anders über Ihren Chef zu denken.
- Sie sollten sich weder unter- noch überfordert fühlen, z.B. durch einen Anfängerkurs in Spanisch oder die Reflexion über Ihre Einstellung zum Umweltschutz.
- Es ist gut, wenn Sie das „Erste Mal" durch und durch spüren, z.B. eine Massage oder einen Saunabesuch, eine kurze Rede auf einem Familiengeburtstag oder eine eiskalte Dusche.
- Sie können immer wieder ein „Erstes Mal" wagen, sooft Sie Lust dazu haben, und so Ihre Begeisterungsfähigkeit trainieren.

Ein kleines bisschen Selbstüberwindung und Anstrengung benötigt jedes „Erste Mal", und dafür brauchen Sie

ein wenig mehr Selbstvertrauen und Willenskraft als im Alltagsmodus. Aber es lohnt sich, über die Strategie der „Ersten Male“ die Fähigkeit beizubehalten, die Dinge mit Kinderaugen zu sehen. Probieren Sie es einmal aus.
Das ist übrigens das Geheimnis, wie Sie mental und sogar physisch jung bleiben: immer wieder etwas Neues zum ersten Mal ausprobieren.

Mindesthaltbarkeit neuer Erfahrungen

Es gibt kein zweites „Erstes Mal“. Neue Erfahrungen sind nur so lange neu, wie wir sie noch nicht gemacht und durch mehrere Wiederholungen neuronal gefestigt haben. Jede neue Denk-, Fühl- oder Verhaltenserfahrung wird neurobiologisch gesehen alt, wenn sich die Erfahrung häufig genug wiederholt. Das ist gut, denn mit unserer Erfahrung können wir alltägliche Pflichten routiniert und mit weniger Anstrengung erfüllen. Für die Begeisterung ist die Mindesthaltbarkeit einer neuen Erfahrung jedoch schlecht, denn Routinen sind reizlos und fordern uns nicht mehr heraus. Wir brauchen zeitlebens „Erste Male“ und die damit verbundenen neuen Erfahrungen, wenn wir unsere Begeisterung wachhalten wollen.
Allerdings, und das ist die Lösung des Dilemmas, heißt das nicht, dass wir immer wieder neue Ziele, neue Tätigkeiten, neue Themen, Ideen oder gar neue Menschen brauchen, die unseren Begeisterungshunger stillen. Ein Musiker spielt oft ein Leben lang begeistert ein Instrument, ein Autor geht oft ein Leben lang einer Tätigkeit

nach, dem Schreiben, ein Wissenschaftler forscht häufig ein Leben lang an einem Forschungsthema und es gibt Paare, die glücklich zusammenleben, bis dass der Tod sie scheidet. Worin liegt das Geheimnis der Menschen, die scheinbar immer das Gleiche machen und dennoch begeistert davon sind? Diese Menschen folgen ihrer Sehnsucht.

13. Alltagsübung: Welches „Erste Mal" wollen Sie realisieren?
Überlegen Sie einmal, was Sie noch nie gemacht haben, worauf Sie große Lust haben, wovor Sie ein klein wenig Angst haben und was Sie gerade so stark herausfordert, dass Sie sich dem „Ersten Mal" noch gewachsen fühlen. Wie fühlen Sie sich, wenn Sie daran denken, genau das heute zum ersten Mal zu machen? Machen Sie es!

Um unsere Begeisterung ein Leben lang wachzuhalten, ist es hilfreich, manche Dinge mit Kinderaugen zu sehen. Dazu können wir die Kraft der „Ersten Male" nutzen, denn wenn wir etwas für uns Bedeutsames zum ersten Mal machen, schauen wir automatisch wie ein Kind auf das, was wir machen, denn wir erleben und entdecken es neu. Dadurch wird das Zauberelixier der Begeisterung in unserem Hirn freigesetzt, und das macht uns glücklich. Da jede neue Erfahrung ein Mindesthaltbarkeitsdatum besitzt, brauchen wir immer wieder diese „Ersten Male". 30

4.2 Sehnsucht verstehen

Unsere Sehnsucht zeigt uns die Dinge, die uns wirklich etwas bedeuten. Die Sehnsucht erinnert uns daran, nicht in banalen Alltagsroutinen und Pflichterfüllung zu versinken, sondern auch dem nachzugehen, was uns aus unserem tiefsten Inneren heraus wirklich etwas bedeutet, bevor es dafür zu spät ist. Wenn wir unsere Begeisterung ein Leben lang wachhalten wollen, können wir die Sehnsucht als Kompass nutzen, um die Dinge zu erkennen, die für uns bedeutsam sind, die uns begeistern und glücklich machen.

Die Kraft der Sehnsucht

Der französische Schriftsteller Antoine de Saint-Exupéry hat in seinem Buch *Die Stadt in der Wüste* Folgendes geschrieben: „Es ist nicht das Schiff, das durch das Schmieden der Nägel und Sägen der Bretter entsteht. Vielmehr entsteht das Schmieden der Nägel und Sägen der Bretter aus dem Drang nach dem Meer und dem Wachsen des Schiffes." (S. 490) Die Sehnsucht ist deshalb so kraftvoll, weil sie eine Idee mit der Macht der Gefühle verbindet. Deshalb können uns unsere Sehnsüchte viel über uns selbst verraten. Das Sehnen kann sich als Suche sowohl an materielle Güter binden, zum Beispiel die Sehnsucht nach einem teuren Auto, einem Eigenheim oder einem Vermögen. Sie kann sich aber auch an eine Idee binden, zum Beispiel die Sehnsucht nach Frieden und Gerechtigkeit, nach Freiheit oder Liebe.

Ein zuverlässiger Weg, um seine Begeisterung ein Leben lang wachzuhalten, ist es, eine Tätigkeit, ein Thema, eine Idee oder ein Ziel zu erkennen, das von hoher Bedeutung für uns ist und das wir im Idealfall sogar mit einem Menschen teilen können, der uns wichtig ist. Das ist das Geheimnis des Glücks: aufzugehen in dem Einen und dadurch immer wieder aufs Neue die Welt zu entdecken. Zum Beispiel als (Hobby-)Musiker in jedem neuen Musikstück, das wir spielen. Als sozial engagierter Mensch bei jeder einzelnen Unterstützung, die wir einem hilfsbedürftigen Menschen bieten können. Als statusbewusster Mensch mit jedem neuen Karriereschritt im Job. Oder als Familienvater bei jedem einzelnen Entwicklungsschritt, den die Kinder durchlaufen. Nutzen Sie Ihre Sehnsucht als Kompass und beginnen Sie damit, dem nachzugehen, was in Ihnen ist und was schon lange heraus will.

Was wirklich wichtig ist

Manchmal reicht ein einziger Impuls aus, um eine tiefe Sehnsucht auszulösen und manchmal sogar sein ganzes Leben radikal zu ändern. Ihre Sehnsucht ist die wohl stärkste Antriebsfeder, um das zu realisieren, was Ihnen wirklich etwas bedeutet. Lassen Sie sich einmal durch die folgende Aufstellung inspirieren und ergänzen Sie die Liste auch mit Ihren persönlichen Punkten. Vielleicht finden Sie dadurch schon heute eine Antwort auf die Frage, was Ihnen wirklich wichtig ist, und damit die Basis für ein Leben voller Begeisterung.

Wonach sehnen sich Menschen?	
Menschen	Familie, Lebenspartner, Freunde, Kollegen, Nähe, Geborgenheit, Zuneigung, Intimität ...
Themen/Ideen	Umweltschutz, Frieden, Demokratie, Freiheit, Gerechtigkeit, Religion, Politik, Malerei, Musik, Astronomie, Geografie, Sport, Technik ...
Tätigkeiten	musizieren, malen, fotografieren, schreiben, tanzen, handwerken, reisen, beraten, helfen, forschen, entwickeln, organisieren, diskutieren ...
Ziele	Existenzsicherung, Studienabschluss, berufliche Entwicklung, Status, Anerkennung, Erfolg, Reichtum ...
Konsumgüter	Smartphone, Markenkleidung, Fahrrad, Auto, Haus, Werkzeug, Computer, Fotoapparat, Uhr, Flachbildschirm ...
...	...

Wonach sehnen Sie sich? Konnten Sie etwas benennen, das Ihre Sehnsucht weckt? Ist es die Sehnsucht danach, etwas Bestimmtes haben zu wollen, etwas Spezielles zu tun oder etwas Besonderes zu sein? Und was haben Sie heute bereits dafür getan, dem Ersehnten näher zu kommen?

14. Alltagsübung: Wie sieht Ihre Sehnsuchtsbilanz aus?
Leben Sie in Ihrer Arbeit, in der Familie und in der Freizeit mit Begeisterung das Leben, nach dem Sie sich sehnen? Ziehen Sie einmal Bilanz und schauen Sie, inwieweit Sie sich mit den Menschen umgeben, die Ihnen wichtig sind, den Themen und Ideen nachgehen und die Tätigkeiten ausführen, die Ihnen etwas bedeuten, die Ziele verfolgen, die Sie wirklich interessieren, und die Dinge besitzen, die für Sie wertvoll sind.

Um unsere Begeisterung ein Leben lang wachzuhalten, ist es wichtig, die Dinge zu erkennen und ernst zu nehmen, die uns aus uns selbst heraus interessieren und uns etwas bedeuten. Nutzen Sie Ihre Sehnsucht als Kompass dafür, herauszufinden, welche Menschen, Themen, Ideen, Tätigkeiten und Ziele es sind, die Ihnen wirklich etwas bedeuten. 30

4.3 Vorstellungskraft nutzen

Im Laufe der Jahre richten wir uns immer mehr nach unseren oder nach den von anderen übernommenen Vorstellungen in unserer Lebenswelt ein. Wir finden uns zurecht und bauen uns Autobahnen, auf denen wir uns in dem, was wir denken, fühlen und tun, möglichst risiko- und anstrengungsfrei bewegen können. Das ist zwar sinnvoll, um den vielfältigen Anforderungen des Lebens gerecht zu werden, tötet aber auf Dauer leider auch die Begeisterung.

Die Kraft der Gedanken

Wie schaffen wir es, aus dem Dilemma rauszukommen, dass wir häufig lieber an bekannten Routinen festhalten, obwohl uns das um die Begeisterung bringt? Wie kommen wir im Alltag von der Routine-Autobahn runter, um neue Gedanken, Gefühle und Verhaltensweisen tatsächlich auszuprobieren und dem nachzugehen, was uns wirklich begeistert? Die Antwort auf diese Fragen ist einfach: Nutzen Sie Ihre Vorstellungskraft!

Allein die Vorstellung davon, den Dingen nachzugehen, die uns wirklich etwas bedeuten, und uns mit den Menschen zu umgeben, die uns wirklich wichtig sind, reicht aus, um uns zu begeistern. Denn sobald wir an einen für uns wichtigen Menschen, an ein Thema, eine Idee, eine Tätigkeit oder ein Ziel, das uns etwas bedeutet, denken, werden unsere emotionalen Zentren im Gehirn aktiviert. Das Zauberelixier aus neuroplastischen Botenstoffen wird gebraut und uns durchströmt ein Glücksgefühl. Dieser erstaunliche Effekt konnte in den vergangenen Jahren in zahlreichen Experimenten von Hirnforschern auf der ganzen Welt nachgewiesen werden.

Unser Gehirn kann aber noch mehr. Der Gedanke an ein bestimmtes Verhalten, mit dem wir das, was uns wichtig ist, erreichen, macht es wahrscheinlicher, dass wir ebendieses Verhalten auch ausführen. Da wir für jedes „Erste Mal" ein wenig mehr Selbstvertrauen und Willenskraft benötigen als für unsere Alltagsroutinen, ist es hilfreich, „Erste Male" vorauszudenken und damit den Begeisterungsmechanismus in Gang zu setzen, der uns zum Handeln bringt. Dazu sollten Sie aber nicht nur Worte benutzen.

Die Macht der Bilder

Ihre Gedanken werden um ein Vielfaches mächtiger, wenn Sie sie bebildern, das heißt, sich konkret vorstellen, wie das, was Ihnen wichtig ist und was Sie begeistert, aussieht. Geben Sie den Menschen, den Themen, Ideen, Tätigkeiten und Zielen, die Ihnen wichtig sind, eine Form, eine Farbe und eine Größe.

Suchen Sie nach passenden Fotos in Zeitschriften, wenn Ihnen zum Beispiel das Ziel wichtig ist, beruflich erfolgreich zu sein, und Sie bereits der Gedanke daran, dass Sie beruflich erfolgreich werden, begeistert.

Wählen Sie Symbole für das, was Ihnen wichtig ist, zum Beispiel eine besondere Armbanduhr, die Sie daran erinnert, dass ein neuer Lebensabschnitt beginnt. Oder eine Geldmünze aus einem fremden Land, welches Sie unbedingt und mit Begeisterung bald bereisen wollen (die Geldmünze gibt es bei jeder Bank, bei der Sie Fremdwährung eintauschen können). Tragen Sie diese Münze, die Sie an Ihre Sehnsucht erinnert, bei sich.

Überlegen Sie auch, durch welche Sprachbilder, das heißt durch welche Metaphern, sich das beschreiben lässt, was Ihnen wirklich etwas bedeutet. Beispielsweise kann Ihnen ein besonderer Mensch so wichtig sein wie ein Schatz, ein Ziel kann Sie anziehen wie ein Magnet und eine Idee kann Sie beflügeln. Durch (Sprach-) Bilder und Symbole wird Ihre rechte Hirnhemisphäre aktiviert, und selbst wenn Sie nicht aktiv an das denken, was Sie begeistert, läuft unbewusst Ihr ganz persönlicher Hintergrundfilm der Begeisterung ab. Dadurch wird es Ihnen noch besser gelingen, Ihr großes Begeisterungspotenzial zu entfalten.

15. Alltagsübung: Wie sehen Ihre Begeisterungsbilder aus?
Schauen Sie sich die Auflistung der Dinge, nach denen Sie sich sehnen, an. Suchen Sie sich einen Punkt heraus, zum Beispiel die Tätigkeit „schreiben" oder das Ziel „Erfolg". Und nun überlegen Sie einmal, welche Bilder Ihnen vor Ihrem inneren Auge erscheinen. Sie können auch entsprechende Bilder aus Zeitschriften ansehen. Wie fühlen Sie sich bei dieser Übung?

30 *Um das Dilemma zu umgehen, aus Angst vor Neuem und aus dem Impuls der Anstrengungsvermeidung heraus in reizlosen Routinen unsere Begeisterung aufs Spiel zu setzen, können wir die Kraft der Gedanken und der Bilder nutzen. Allein die Vorstellung von etwas, das uns begeistert, begeistert uns – und das umso stärker, je bildhafter diese Vorstellung ist.*

4.4 Begeisterungswege gehen

Die Tat folgt dem Gedanken. Je häufiger wir (bebildert) an etwas denken, das uns wichtig ist und das uns begeistert, desto leichter werden wir den Weg der Begeisterung in unser Leben integrieren, desto leichter wird es uns gelingen, das zu machen, was uns begeistert. Die Auswirkungen davon sind großartig: Begeisterungsstürme im Erwachsenenalter, die uns glücklich machen und die uns über uns selbst hinauswachsen lassen.

Ein sinnerfülltes Leben

Begeisterung ist nicht das Ziel, sondern der Weg zu einem sinnerfüllten Leben. Das Gefühl der Begeisterung ist dabei wie ein Signal der Achtsamkeit. Wenn uns ein kleiner oder großer Sturm der Begeisterung durchfährt und wir dieses unbeschreiblich schöne Glücksgefühl spüren, können wir uns daran erinnern, dass wir soeben etwas gedacht oder gemacht haben, das uns wirklich wichtig ist und das uns etwas bedeutet.

Dann lohnt es sich, kurz innezuhalten, unseren Atem und unser Gefühl fließen zu lassen, zu lächeln und sich bewusst zu machen, was genau es ist, das uns gerade begeistert. Je mehr wir lernen, auf dieses Gefühl zu achten, unsere Aufmerksamkeit darauf zu lenken und wahrzunehmen, was uns begeistert, desto deutlicher liegt der Weg zu einem sinnerfüllten, glücklichen und erfolgreichen Leben vor uns. Denn unsere Energie folgt immer der Aufmerksamkeit, die wir auf etwas lenken. Und deshalb werden wir unsere Energie mehr und mehr für das verwenden, was uns wichtig ist und uns begeistert. Dadurch kann ein positiver Energiekreislauf entstehen.

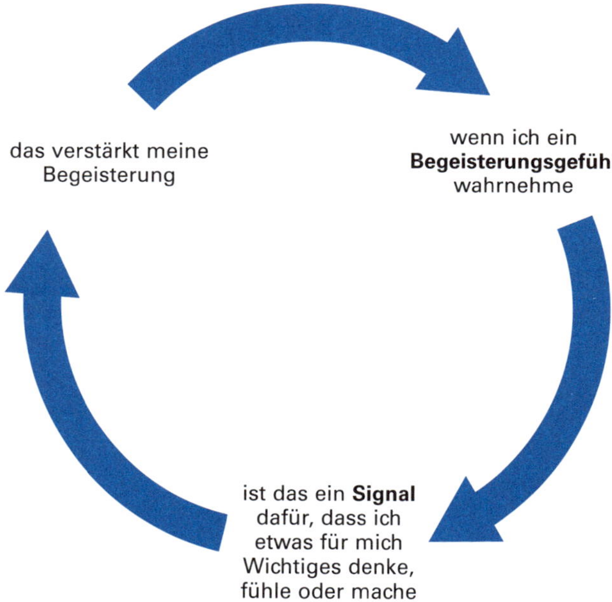

Abb. 5: Begeisterung ist ein Signal für Bedeutung

Starten Sie diesen sich selbst verstärkenden Kreislauf der Begeisterung. Auf Ihrem Weg können Sie sich selbst dazu einladen und ermutigen, auch als Erwachsener zum Entdecker Ihrer Möglichkeiten und zum Gestalter Ihres eigenen Lebens zu werden.

Das schaffen Sie entweder, indem Sie sich neben den täglichen Routinen und Pflichten genug Spielraum für das schaffen, was Ihnen wichtig ist. Oder indem Sie immer mehr das zu Ihrer *Pflicht* machen, was Sie aus Ihrem Innersten heraus interessiert und was für Sie be-

deutsam ist. So kann aus Interesse Begeisterung werden und so können Sie es leichter erreichen, die Begeisterung ein Leben lang wachzuhalten.
Begeisterung kann aber noch mehr. Wenn Sie sich für ein Thema oder eine Idee, eine Tätigkeit oder ein Ziel begeistern, können Sie mit Ihrer Begeisterung sogar Ihr Umfeld mitreißen. Denn Menschen, deren Augen vor Begeisterung leuchten, sind begeisternde Menschen, die mit ihrer Begeisterung wiederum andere anstecken können. Probieren Sie es einmal aus.

16. Alltagsübung: Wie oft spüren Sie Begeisterung?
Achten Sie in den nächsten 24 Stunden einmal darauf, ob und wenn ja wie oft und für was Sie sich begeistern. Machen Sie sich bewusst, dass Sie immer dann, wenn Sie das Gefühl der Begeisterung durchfährt, etwas gedacht oder gemacht haben, das Ihnen wirklich wichtig ist.

30

Das Gefühl der Begeisterung ist wie ein Signal der Achtsamkeit. Das unbeschreiblich schöne Glücksgefühl erinnert uns daran, was für uns wirklich wichtig ist. Um die Begeisterung ein Leben lang wachzuhalten, können wir …
- ***die Kraft der „Ersten Male" nutzen, um neue Erfahrungen zu machen,***
- ***unsere Sehnsucht als Kompass nutzen, um herauszufinden, was wir wirklich wollen,***
- ***die Kraft der Gedanken und der Bilder nutzen und es uns damit leichter machen, zu handeln.***

Die Begeisterungsbrille

Begeisterung entsteht, wenn wir etwas für uns Bedeutsames denken, fühlen oder tun. Durch die 16 kleinen Alltagsübungen in diesem Buch haben Sie Ihren Begeisterungssinn geschärft und bestimmt schon einiges von dem (wieder-)entdeckt, was Sie interessiert, was Ihnen wichtig ist und Ihnen etwas bedeutet.

Setzen Sie jetzt noch einmal bewusst Ihre Alltagsbrille ab und stattdessen die Begeisterungsbrille auf. Schauen Sie damit auf Ihr aktuelles Leben, auf Ihre Familie, auf Ihre Arbeit und auf Ihre Freizeit. Sehen Sie den Unterschied zwischen etwas *Neuem* und den Routinen bzw. zwischen der *Kür* und der Pflicht? Achten Sie beim Betrachten auf Ihre Gefühle und nutzen Sie das großartige Gefühl der Begeisterung als Signal dafür, dass Sie gerade etwas denken, fühlen oder tun, das für Sie wirklich wichtig ist. Beantworten Sie dazu die folgenden acht Fragen – wenn Sie wollen auch schriftlich:

1. Wer oder was begeistert Sie? Welche Menschen, welche Themen, welche Ideen, welche Tätigkeiten, welche Ziele und welche Dinge begeistern Sie?
2. Welche Sehnsucht steckt dahinter? Wonach sehnen Sie sich und was haben Sie heute bereits getan, um dem Ersehnten näher zu kommen?
3. Welchen Unterschied haben Sie heute schon zum Alltäglichen hergestellt? Was haben Sie heute bereits gemacht oder gedacht, das sich von Ihren alltäglichen Gedanken oder Taten unterscheidet?

4. Welches *„Erste Mal“* haben Sie heute schon erlebt? Was haben Sie heute Neues ausprobiert, das Sie bislang noch nie gemacht oder gedacht haben?
5. Was haben Sie dabei neu entdeckt und was ist Ihnen dabei gut gelungen?
6. Wenn Sie heute Abend vor dem Einschlafen den Tag noch einmal Revue passieren lassen, was wird den Tag heute zu einem besonderen Tag gemacht haben?
7. Wie viel Zeit haben Sie sich heute dafür genommen, nichts zu tun, das einem Zweck folgt, bzw. etwas zu lassen, das einem Zweck folgt?
8. Mit welchen Menschen fühlen Sie sich verbunden und gleichzeitig frei?

Platon sagt, das Staunen sei der Anfang der Philosophie. Fangen Sie heute damit an, sich wieder wie ein Kind über die Dinge zu wundern und zu staunen, und entdecken Sie die Lust am Entdecken und Gestalten neu. Dadurch haben Sie die Chance, ein Leben lang herauszufinden, was Sie in Ihrem tiefsten Inneren interessiert. So kann aus Interesse Bedeutung und aus Bedeutung Begeisterung werden. Und so können Sie Ihre Augen wieder zum Leuchten bringen.

Fast Reader

1. Auf den Spuren der Begeisterung

Wenn für uns etwas bedeutsam ist, braut unser Gehirn ein Zauberelixier aus neuroplastischen Botenstoffen, das für eine Flut an Glücksgefühlen sorgt und uns in dem, was wir tun, schnell besser werden lässt. Dann spüren wir ein den ganzen Körper durchströmendes Begeisterungsgefühl. Auf der Basis unseres angeborenen Bindungs- und Erkundungsbedürfnisses ist für uns alles bedeutsam, was uns bei der eigenen Lebensbewältigung hilft. Gefährlich werden können uns schnelle Begeisterungsstifter, zum Beispiel Konsum.
Eine wesentliche Voraussetzung für Begeisterung ist es, Neues zu entdecken. Wenn wir unserer Entdeckerfreude nachgehen und neue Erfahrungen machen, können wir unsere Überzeugungen hinterfragen und verändern, neue Gedanken denken, neue Gefühle fühlen und neue Verhaltensweisen

ausprobieren und so Fähigkeiten entwickeln, die für ein gelingendes Leben wichtig sind. Das erzeugt ein Gefühl der Begeisterung in uns.
Eine weitere Voraussetzung für Begeisterung ist es, Neues auszuprobieren und zu gestalten. Wenn wir unserer Gestaltungslust nachgehen, können wir Gelingenserfahrungen machen, unsere Überzeugung stärken, unsere Lebenswelt selbst gestalten zu können, und uns so trauen, immer neue Dinge auszuprobieren und zu gestalten. So entwickeln wir Fähigkeiten, die für ein gelingendes Leben wichtig sind. Und das erzeugt ein Gefühl der Begeisterung.

30

Als Kind sind wir oft begeistert. Im Laufe des Älterwerdens nimmt das aber deutlich ab. Um der Begeisterung wieder auf die Spur zu kommen, ist die folgende Strategie hilfreich:

- ***Erkunden Sie Ihre Lebenswelt, entdecken Sie Neues und machen Sie neue Erfahrungen.***
- ***Probieren Sie Ihre Fähigkeiten aus, gestalten Sie Ihre Lebenswelt und schauen Sie, was Ihnen besonders gut gelingt.***
- ***Lernen Sie Menschen kennen, achten Sie darauf, mit wem Sie sich verbunden fühlen, und wachsen Sie gemeinsam mit anderen über sich hinaus.***

2. Wie Begeisterung verschwindet

Routine kann Begeisterung auffressen, denn unser Gehirn ist dafür gebaut, Neues zu entdecken. Das Dilemma ist, dass Neues immer mehr anstrengt als Gewohntes und dass wir evolutionsbiologisch darauf programmiert sind, Ressourcen durch Routinen zu schonen. Um aus unseren Routinen auszubrechen, brauchen wir Energie und Mut.
Pflichterfüllung kann Begeisterung ersticken, wenn zu viele Verpflichtungen nichts mit dem zu tun haben, was uns etwas bedeutet. Um neben der Pflichterfüllung Raum für Begeisterung zu schaffen, brauchen wir Zeit, Energie und Achtsamkeit.
Anpassung kann Begeisterung fehlleiten. Wenn wir uns jemandem anpassen, mit dem wir uns zwar verbunden fühlen, von dem wir gleichzeitig jedoch abhängig sind, machen wir Dinge, die uns aus uns selbst heraus nichts bedeuten. Damit unsere Begeisterung trotz Anpassung eine Chance hat, müssen wir uns mit Menschen gleichzeitig verbunden und frei fühlen.

30 ***Um das Verschwinden unserer Begeisterung zu stoppen, ist die folgende Strategie hilfreich:***

- ***Hinterfragen Sie Ihre Alltagsroutinen: Wann haben Sie genug Energie, um Routinen zu durchbrechen?***

- ***Hinterfragen Sie Ihre Alltagspflichten: Welche Pflichten haben etwas mit dem zu tun, was Ihnen wichtig ist?***
- ***Hinterfragen Sie, welchen Menschen Sie sich anpassen: Bei welchen dieser Anpassungsprozesse fühlen Sie sich gleichzeitig verbunden und frei?***
- ***Hinterfragen Sie Ihre Ängste: Welche Ängste blockieren Sie dabei, das zu machen, was Sie begeistern würde?***

3. Begeisterung wiederentdecken

Um unseren Routinen und Pflichten zu entfliehen und dadurch der Begeisterung eine Chance in unserem Alltag zu geben, brauchen wir Spielräume aus Zeit und Energie. 15 Minuten täglich nur für sich, ohne funktionieren zu müssen, genügen, um einen kleinen Gefühlssturm der Begeisterung zu entfachen. Suchen Sie zudem regelmäßig Ihre Energietankstellen auf und vermeiden Sie die größten Energiefresser.

Um der Begeisterung eine Chance zu geben, müssen wir unser Entdeckerbedürfnis befriedigen und Neues ausprobieren. Das gelingt uns, wenn wir in unserem Denken und Handeln kleine Unterschiede zum Alltäglichen schaffen, das heißt etwas anders machen oder denken bzw. etwas anderes

machen oder denken als üblich. Da wir dabei unser gewohntes Terrain verlassen, brauchen wir ein wenig Mut und eine Strategie: Die Lust auf das Neue muss größer sein als die Angst davor. Andernfalls springt unser vom Hirnstamm gesteuertes Notfallprogramm an, blockiert unseren Begeisterungsmechanismus und wir verharren in unseren reizlosen Routinen.
Dinge, die für uns oder für einen Menschen, der uns etwas bedeutet, wichtig sind, können uns begeistern. Diese Dinge setzen das Zauberelixier der Begeisterung in unserem Hirn frei. Um eine Antwort auf die Frage zu finden, was und wer für uns wichtig ist, können wir uns bewusst machen, welche Menschen wir uns zum Vorbild nehmen und welche Denk- und Verhaltensweisen dieser Vorbilder wir übernehmen. Außerdem können wir danach schauen, was uns Lust bereitet, und dabei unterscheiden, ob es sich um eine schnelle Lust oder eine nachhaltige Lust handelt.

30 ***Unsere Gefühle sind ganz schön schlau, und wenn wir schlau sind, achten wir auf das, was wir in verschiedenen Situationen fühlen. Über das Fühlen können wir die Begeisterung am schnellsten wiederentdecken. Dazu ist die folgende Strategie hilfreich:***

- ***Schaffen Sie sich kleine Spielräume aus Zeit und Energie, um darin der Routine und den***

Pflichten zu entfliehen. 15 Minuten täglich reichen aus.

- ***Probieren Sie neue Denk- und Verhaltensweisen aus, die einen kleinen Unterschied spürbar machen und auf die Sie mehr Lust haben, als Angst vor ihnen zu verspüren.***
- ***Überlegen Sie, von welchen Vorbildern Sie sich positiv inspirieren lassen und vor welchen negativen Vorbildern Sie sich in Acht nehmen wollen.***
- ***Achten Sie bei allem, was Sie tun oder lassen, bewusst auf das, was Sie fühlen, und sammeln Sie viele kleine gute Gefühle. Dadurch kann die große Begeisterung entstehen.***

4. Begeisterung wachhalten

Um unsere Begeisterung ein Leben lang wachzuhalten, ist es hilfreich, manche Dinge mit Kinderaugen zu sehen. Dazu können wir die Kraft der „Ersten Male" nutzen. Denn wenn wir etwas für uns Bedeutsames zum ersten Mal machen, schauen wir automatisch wie ein Kind auf das, was wir machen – wir erleben und entdecken es neu. Dadurch wird das Zauberelixier der Begeisterung in unserem Hirn freigesetzt und das macht uns glücklich. Da jede neue Erfahrung ein Mindesthaltbarkeitsdatum besitzt, brauchen wir immer wieder diese „Ersten Male".

Um unsere Begeisterung ein Leben lang wachzuhalten, ist es außerdem wichtig, die Dinge zu erkennen und ernst zu nehmen, die uns aus uns selbst heraus interessieren und uns etwas bedeuten. Nutzen Sie Ihre Sehnsucht als Kompass dafür, herauszufinden, welche Menschen, Themen, Ideen, Tätigkeiten und Ziele es sind, die Ihnen wirklich etwas bedeuten.

Um das Dilemma zu umgehen, aus Angst vor Neuem und aus dem Impuls der Anstrengungsvermeidung heraus in reizlosen Routinen unsere Begeisterung aufs Spiel zu setzen, können wir die Kraft der Gedanken und der Bilder nutzen. Allein die Vorstellung von etwas, das uns begeistert, begeistert uns – und das umso stärker, je bildhafter diese Vorstellung ist.

30 ***Das Gefühl der Begeisterung ist wie ein Signal der Achtsamkeit. Das unbeschreiblich schöne Glücksgefühl erinnert uns daran, was für uns wirklich wichtig ist. Um die Begeisterung ein Leben lang wachzuhalten, können wir ...***

- ***die Kraft der „Ersten Male" nutzen, um neue Erfahrungen zu machen,***
- ***unsere Sehnsucht als Kompass nutzen, um herauszufinden, was wir wirklich wollen,***
- ***die Kraft der Gedanken und der Bilder nutzen und es uns damit leichter machen, zu handeln.***

Der Autor

Diplom-Psychologe Hans-Georg Willmann arbeitet seit 1998 als Coach. Er berät Menschen in beruflichen Veränderungsprozessen und Krisen und unterstützt sie dabei, Ziele zu erreichen. Willmann war als Personalreferent tätig, bevor er 2003 seine eigene Personalberatung gründete.

Kontakt:
Hans-Georg Willmann
www.hans-georg-willmann.de

Bereits im GABAL Verlag veröffentlicht:

30 Minuten Selbstvertrauen
1. Aufl. 2013

30 Minuten Willenskraft
4. Aufl. 2014

Weiterführende Literatur

- Bauer, J.: Warum ich fühle, was du fühlst – Intuitive Kommunikation und das Geheimnis der Spiegelneurone. Hoffmann und Campe, Hamburg, 2005.
- De Saint-Exupéry, A.: Die Stadt in der Wüste. Neue Ausgabe. Karl Rauch, Düsseldorf, 2009.
- Gigerenzer, G.: Bauchentscheidung. Die Intelligenz des Unbewussten und die Macht der Intuition. Goldmann Verlag, München, 2008.
- Hantel-Quitmann, W.: Sehnsucht. Das unstillbare Gefühl. Klett-Cotta Verlag, Stuttgart, 2011.
- Hüther, G.: Was wir sind und was wir sein könnten. Ein neurobiologischer Mutmacher. 2. Auflage, Fischer Taschenbuch Verlag, Frankfurt a.M., 2013.
- Storch, M.: Das Geheimnis kluger Entscheidungen: Von Bauchgefühl und Körpersignalen. 5. Auflage, Piper, München, 2011.
- Willmann, H.-G.: 30 Minuten Selbstvertrauen. GABAL Verlag, Offenbach, 2013.
- Willmann, H.-G.: 30 Minuten Willenskraft. 3. Auflage, GABAL Verlag, Offenbach, 2013.

Register